間違いだらけの名古屋めし

Toshiyuki Otake
大竹敏之

KKベストセラーズ

間違いだらけの名古屋めし

まえがき

名古屋の郷土食の総称、「名古屋めし」。

ご当地グルメのブームで全国各地の地域限定料理にスポットが当たる中でも、とりわけ個性的で、かつバラエティに富んでいることがその大きな特徴です。

味噌カツ、味噌煮込みうどん、ひつまぶし、手羽先、きしめん、味噌おでん、名古屋コーチン、台湾ラーメン、小倉トーストなどなど……、皆さんもいくつかは頭に浮かぶのではないでしょうか。

近年は名古屋にも国内外からの観光客が増え、名古屋めしの有名店、人気店には長蛇の列ができることも珍しくなくなっていました（残念ながらコロナショックでずいぶん状況は変わってしまいましたが）。

2005（平成17）年の愛知万博を機に「名古屋めしブーム」とも呼ばれるほど注目度が高まり、実際に名古屋を訪れる人に、「期待するもの」、「行ってみたいところ」、「体験したいこと」を尋ねると、「名古屋めし」という答えがかなりの高確率で返ってきます。観光が弱い、と長らくいわれてきた名古屋にとって、名古屋めしは有力な観光資源になっているのです。

ブームは決して過去のものではなく、コロナ禍以降も有名店にはいち早く客足が戻り、また近年は裏通りの小さな個人店にまで行列ができるようになっています。人気は定着し、今後は成熟期に入ることが期待されます。

しかし、ひるがえってみると、ほんのひと昔前までは、名古屋の食は全国から奇異の目で見られることがほとんどでした。東京のメディアからはゲテモノ扱いされることの方が多いほどでした。

それでも、人気の向上、定着によって、ようやく全国の人にも名古屋の食文化が正しく評価されるようになってきた……と思いきや、まだまだ誤解されがちなことは否めません。それ以上に、実は当の地元の人たちが自分たちが食べている料理や銘品を、ちゃんと理解できているとはいいがたい状況です。いや、むしろ名古屋人こそ、名古屋めしに対して誤解だらけともいえるのです。

名古屋めしは何でもかんでも味噌をかける？
名古屋めしはB級グルメばかり？
名古屋めしはどれもこれも味が濃い？
名古屋めしはパクリだらけ⁇

こんな風評を当の名古屋人が真に受けてしまっている、そんなケースが決して少なくないのです。

そこで、名古屋めし取材歴30年の筆者が、名古屋めしとは何たるかをあらためて詳細にひもときながら、名古屋めしに対する誤解をひとつひとつ解き、その真の魅力を掘り起こしていきたいと思います。

本書を読み終えた時、あなたはきっと「名古屋めしを食べたい！」と食欲をかきたてられている、はずです！

大竹敏之

目次

第2章 かつて「名古屋めし」はゲテモノだった!? 71

第3章 「名古屋めし」人気グルメへの道 81

第4章
それでも「名古屋めし」は間違いだらけ　127

第5章 「名古屋（めし）バッシング」再び⁉ 219

第6章

「名古屋人は名古屋めしを食べない」は本当か？ 253

第7章

もう間違えない！名古屋めし

第1章
そもそも「名古屋めし」って何だ？

「名古屋めし」という言葉が一般に知られ、使われるようになってかれこれ20年ほど。地元でも目にしたり耳にする機会は多く、観光客など他地域から訪れる人はより積極的に名古屋めしの店を求めて足を運ぶようになっています。

ではそもそも「名古屋めし」とは何なのか？

まずはそのアウトライン、言葉の生まれたいきさつから理解していきましょう。

ご当地グルメがこんなにあるのは名古屋だけ！

「名古屋めし」とはひと言でいえば、名古屋の郷土料理・郷土食全般を指す言葉です。

味噌煮込みうどん、味噌カツ、ひつまぶし、手羽先の唐揚げ、きしめん、台湾ラーメン、あんかけスパゲッティ、鉄板スパゲッティ、味噌おでん、どて煮、名古屋コーチン、ういろう、天むす、小倉トースト、鬼まんじゅう、守口漬などなど……。

この他、一チェーンの商品である「スガキヤラーメン」や「コメダ珈琲店」のシロノワール、全国で食べられるエビフライ、名古屋で独自に進化した（名古屋流）カレーうどん、メニューではなくサービスである喫茶店のモーニング、新興メニューながらあっという間に市民権を得た台湾まぜそばも挙げられます。

なごやめし普及促進協議会（愛知県、名古屋市、名古屋観光コンベンションビューローなどで構成）が行った「1億人のなごやめし総選挙2022」（2022年1～3月）では投票対象として実に28品をリストアップしています。

1億人のなごやめし総選挙2022　投票対象

ひつまぶし、味噌煮込みうどん、味噌カツ、手羽先、きしめん、あんかけスパ、天むす、どて煮、鉄板スパ、台湾ラーメン、味噌おでん、小倉トースト、エビフライ、鬼まんじゅう、モーニング、カレーうどん、名古屋コーチン、ういろう（ういろ）、えびせんべい、守口漬、台湾まぜそば、コーヒーぜんざい、海老おろしうどん、ころ（きしめん・うどん）、志の田うどん、ベトコンラーメン、とんちゃん、たまり煮込み

この総選挙は「今、人々が認識する〝なごやめしの範囲〟を確認したい」（主催のなごやめし普及促進協議会）という意図で行われたため、28品の中には地元の人でもあまりなじみのないもの

や、「それって名古屋限定だったの?」と意外に思うものも含まれていますが、名古屋独自だったり、名古屋で普及しているものばかりであることは確か。マイナーなものも含めてこんなに多くのご当地グルメ(候補)が挙げられるのです。

ラインナップ全体を見渡すと、ガッツリめしに高級なごちそうグルメ、麺類、喫茶店メニュー、居酒屋のつまみ、菓子など、非常にバラエティに富んでいることが分かるでしょう。

これだけ多種多彩なご当地グルメがある町は、日本広しといえども名古屋の他には沖縄くらいしかないんじゃないでしょうか。

よく北海道が〝食の宝庫〟と称されますが、かの地はどちらかといえば〝食材の宝庫〟です。あるテレビ番組の「北海道のグルメといえば?」のアンケートでは、「スープカレー」「ジンギスカン」に続くのが「ラーメン」「寿司」でした。魚介や野菜など素材そのものがおいしいので、料理の独自性よりも素材の鮮度や持ち味の重要度が高く、観光客がそれを目当てに足を運ぶような北海道オリジナルのグルメは実はそれほど多くはありません。

対して名古屋は、それを食べること自体が特別なローカル体験になるような地域特有の料理がズラリ。しっかりお腹を満たしたい時、ちょっと小腹が空いた時のおやつ、仕事が済んだ後の一杯のおとも、あるいは大事な人との会食……。ありとあらゆるシーンに対応できる多様なご当地料理が揃っていることが、名古屋めしの強みなのです。

味噌煮込みうどん(左上)、味噌カツ(右上)、手羽先(右下)、ひつまぶし(左下)。名古屋めしを代表するこの4品、筆者は勝手に「名古屋めし四天王」と命名

地元の人が食べている〝真のご当地グルメ〟

多士済々の名古屋めしですが、全体的な特徴として、味が濃い、味噌をかけたものが多い、B級グルメが多い、どれも茶色い……などといわれます（これらについては誤解をはらんだものもあり、おいおいそれは解いていきます）。

先の種類の多さと並んで魅力に挙げられるのが、名古屋めしのほとんどが名古屋とその周辺でしか食べられない本当に地域限定であること。さらにもともと観光客向けではなく実際に地元の人が食べていること。この3つが名古屋めしの大きな特色といえるでしょう。

◉種類が多い
◉ここでしか食べられない
◉地元の人が食べている

この3つの特徴は、地元の人にとって重要なものであると同時に、観光コンテンツとしての価値を高めるものといえます。

選択肢が多く、食事をするだけで他ではできない異文化体験となり、しかもその土地のリアルな日常を体験できる。まさに今どきの観光に求められる要素が揃っています。

他の地域のご当地グルメと比較しても、この特徴、強みは顕著です。

近年のご当地グルメの中には、町おこしを目的に新しく考案された創作グルメも少なくありません。こうした創作系ご当地グルメは、地域の人の食べ歩きを促す経済振興のコンテンツとしては効果を期待できるものでしょう。しかし、旅行者がわざわざ食べに行くようになるには、地域に定着して評判を得るまで長い歳月を要しなければなりません。

その点、名古屋めしは古いものでは江戸時代から、比較的新しいものでも1980年代までに誕生して定着したものがほとんど。そして、名古屋はもともと観光地ではなく、観光に力を入れ始めたのはほんのここ15年ほどのことですから、名古屋めしの主要店はあくまで地元の人を顧客にして支持を得てきました（近年、観光客で行列ができるようになった有名店ももともとは地域密着の人気店です）。

事実、名古屋市内では、冒頭に挙げた名古屋めしの数々がどこででも食べられます。うどん店に入れば味噌煮込みうどんときしめんはまずメニューにありますし、トンカツを出す店ならほぼ100％味噌カツが食べられます。居酒屋なら味噌串カツ、味噌おでん、手羽先、どて煮がない店の方が珍しく、喫茶店ではモーニングに小倉トーストはほぼデフォルト。鉄板スパゲッティはもちろんあんかけスパゲッティが食べられる喫茶店だって少なくありません。あんかけスパゲッティは専門店が町のあちこちにあり、台湾ラーメンは中華料理店やラーメン店でかなりの高確率でラインナップされています。

旅先、出張先では、その土地ならではの郷土料理を食べたい！という人は少なくないでしょう。しかし、観光地以外の町ではその手の店は意外と少なく、探すのにもひと苦労した、という人もまた多いのでは？ また、特に郷土料理を売りにしている店でなければ、ありきたりのものしか食べられなかったりもします。その点、名古屋ではそんな心配は無用です。予備知識なしで飲み屋や食堂、喫茶店に入っても、大体いわゆる名古屋めしの類にありつけるのです。

地域の食環境にしっかり浸透している、すなわち〝真のご当地グルメ〟であることが、名古屋めしの最大の特色であり、また価値であるといえるのです。

「二泊三日　名古屋めしの旅」！

種類が多い上に気軽に食べられるものが大半なので、例えば二泊三日で名古屋を訪れた場合、朝昼晩の三食におやつ、夜食まですべて異なる名古屋めしを食べて過ごすことだって可能です。

せっかくなのでシミュレーションしてみましょう。

題して『二泊三日　名古屋めしの旅』

【1日目】

朝＝喫茶店で**モーニング**

昼＝専門店で**あんかけスパゲッティ**

おやつ＝喫茶店で**小倉トースト**

夜＝居酒屋で**味噌串カツ**、**手羽先**、**味噌おでん**、**どて**

〆＝うどん店で（名古屋流）**カレーうどん**

【2日目】

朝＝ホテルの朝食で**赤だし味噌汁、守口漬**

昼＝うどん店で**味噌煮込みうどん**

おやつ＝和菓子店で**鬼まんじゅう**

夜＝取引先との接待で**名古屋コーチン鍋**

〆＝ラーメン店で**台湾ラーメン**

【3日目】

朝＝喫茶店で**エビフライサンド**

昼＝洋食店で**味噌カツ**

おやつ＝ショッピングモールで**スガキヤラーメン**

夜＝専門店で**ひつまぶし**

〆＝帰りの新幹線のホームで**きしめん**

おみやげ＝**ういろう**

……とまぁこんな感じ。もちろんよほどの大食漢でなければこんなには食べられないと思いますが、毎日1～2種類の名古屋めしを食べる計画を立てればそれだけで名古屋滞在の充実度はグッと高まります。しかも、ここで挙げた料理や商品はそれほど特別なものではなく、市内ならどこでも食べられるポピュラーなものばかりです。

「名古屋めし」は東京からの逆輸入

さて、この「名古屋めし」という言葉。いつ生まれたのかご存じでしょうか？

誰が言いだしたか分からないがいつの間にか広まって……と思われがちですが、実はルーツははっきりしています。2001（平成13）年、名古屋の飲食店グループ「ZETTON（ゼットン）」の創業者・稲本健一さんが考案したものなのです。

1990年代後半から名古屋で若者向けのおしゃれなダイニングバーを次々とヒットさせていた同社は、この年3月、東京1号店となる「ZETTON ebisu」を出店します。そこで〝名古屋発〟をアピールするために採用したのが、味噌串カツや石焼きひつまぶし、小倉トーストといった名古屋ゆかりのメニューでした。

早速、情報誌が取材にやってきたのですが、東京では見たことも食べたこともない料理に、編集者は頭を悩ませます。読者にひと言で伝わるワードはないものか？　そこで「イタめし」に引っかけて「『ナゴめし』はどうですか？」と提案すると稲本さんがひらめきます。

「もっと分かりやすく『名古屋めし』にしようよ！」

これが「名古屋めし」誕生の瞬間でした。

「名古屋めし」って、冷静に考えるとベタすぎてちょっと野暮ったい気もするのですが、そこがまた名古屋っぽさを表してもいて、何よりストレートで伝わりやすい強さがある言葉です。このネーミングセンスは、当時名古屋の若者のハートをわしづかみにしていた気鋭の飲食店経営者・稲本さんの面目躍如といったところでしょう。

そして、時は折しも名古屋経済の絶頂期。トヨタは自動車の売上世界一となり、名古屋駅前には200m級の超高層ビルが次々と建設され、2005（平成17）年の中部国際空港の開港、愛知万博（「愛・地球博」）の開催とビッグプロジェクトも目白押し。ビジネス誌が相次いで名古屋特集を組むなど、かつてないほど名古屋に注目が集まっていました。

その勢いに乗って、外食シーンでも名古屋の有力企業が相次いで東京進出を果たします。味噌カツの「矢場とん」、手羽先の「世界の山ちゃん」、あんかけスパゲッティの「パスタ・デ・ココ」（カレーハウスCoCo壱番屋の姉妹業態）などなど。

平成不況をものともしない元気都市・名古屋。その象徴として首都へ攻勢をかけるご当地料理勢。そんな図式が東京のメディアによって、名古屋グルメのニュースバリューを高めました。そして、「名古屋めし」のワードはこうした動向を紹介するのにまさにうってつけでした。個々の店のオープンだけではニュースになりにくくとも、ひとまとめにすればムーブメントとして取り上げやすくなり、しかもキャッチーな新語によって趣旨や新鮮味が伝わりやすくなるからです。

そして、考えてみれば様々な名古屋のご当地料理をひっくるめて表現するというのは、地元では決して生まれない発想でした。

なぜなら名古屋人にとっては味噌カツも手羽先もひつまぶしもあんかけスパゲッティもまったく別の料理です。それらを一緒に食べられる店もありません（その後、名古屋めしのデパート的な店はいくつか登場するようになりますが）。

ひとくくりにして紹介するために生まれた「名古屋めし」という言葉は、〝東京目線〟でなければ生まれなかったものだったのです。

東京のメディアによって広まった「名古屋めし」は、やがて逆輸入のような形で名古屋にも伝えられます。そして、自分たちの発想にはなかった言葉ながら、「名古屋めし」はほどなく地元の人たちにも受け入れられ、浸透するようになりました。

「名古屋めし」はその後、公的にも使われて完全に市民権を得ていきます。ちょうど名古屋市、愛知県も愛知万博をきっかけに観光に本腰を入れるようになり、他県の人がとりわけ名古屋の食に対する関心が高いことに着目。

そこで、「なごやめし」（名古屋市が使用する場合は主にひらがな表記）のワードを積極的に活用するようになります。

２０１１（平成23）年に名古屋市主催で始まった回遊型のイベント「なごやめし博覧会」（２０１７年まで）、愛知県・名古屋市・名古屋商工会議所・愛知県観光協会・名古屋観光コンベンションビューローが観光客誘致のために運営する「なごやめし普及促進協議会」など、「名古屋めし」「なごやめし」は今や愛知・名古屋の一般名詞にすらなっているのです。

『POPEYE』2001年12月号（マガジンハウス）。「舌呑」（ゼットン）東京１号店の紹介記事。「流行の予感の名古屋メシ」「来年は名古屋メシが流行る!」とまさしく東京発の情報誌に「名古屋メシ」のワードが躍っている

名古屋めしの定義

【名古屋めし】 名古屋（を中心とした東海文化圏）発祥、あるいは名古屋で特に名物となり、この地域で限定的に普及・浸透している食べ物

これは拙著『名古屋めし』（リベラル社、2015年）での記述。国語辞典風に簡潔に説明するなら、名古屋めしはこのように定義づけられます。

この定義について詳しく説明していきましょう。

「名古屋めし」でいう〝名古屋〟とは名古屋市に限られるものではなく、県庁所在地である名古屋市を中心とした愛知県、ひいては隣接する岐阜県や三重県を含む東海地方を示す場合もしばしばあります。文化の分布は行政区分の境界線できっちり線引きできるものではなく、広範囲にわたりグラデーションを描くもの。新聞、テレビ、ラジオなど在名メディアがカバーする名古屋文化圏と言い換えると概ね当てはまります（中日新聞の販売エリアである北陸地方はまた別の文化圏になりますが）。

もう少し他地域の人にも分かりやすくいうなら、「名古屋めし」＝〝名古屋弁をしゃべるエリアの食文化〟とでもいいましょうか。

地元の人からすると、名古屋弁と三河弁はかなり違いますし、岐阜弁とは共通点も多いもののやはり少しずつ差異があります。しかし、それらの違いは、他地域の人では聞き分けにくい誤差程度のものでしょう（関西以外の人が、大阪弁も京都弁もその他周辺地域の言葉もほぼ同様の〝関西弁〟にしか聞こえないのと同様です）。

名古屋めしもまた名古屋、三河、岐阜でそれぞれ共通点がありつつも微妙に違いがあったり、地域によってまったく見られないメニューがあったりします。そういう点でも、名古屋めしの分布や地域による浸透度は、名古屋弁の分布と照らし合わせるとイメージしやすくなるはずです。

それらをふまえて、冒頭のように定義すると、愛知県を中心に広範囲で食べられている味噌煮込みうどんや味噌カツが名古屋めしと呼ばれることにも違和感がなくなりますし、名古屋・愛知が発祥ではない（といわれる）天むす、ういろう、エビフライなどが名古屋名物としてとらえられていることとも矛盾がなくなります。

これをもっと簡潔に定義づけたのが、筆者の友人でもある名古屋めし料理家・Ｓｗｉｎｄ（スウィンド）氏です。彼は著書『でらうまカンタン！名古屋めしのレシピ』（新紀元社・２０１８年）で「名古屋めし」の新・定義として「名古屋『育ち』の料理」と表現しています。例えば天むすは「三重県生まれ・名古屋育ち」の名古屋めしということができ、ういろうなども含めて「名古屋から発信され広まった」名物ということができるわけです。

もちろん、私もＳｗｉｎｄ氏も、名古屋めしとはこういうものだ！と断定しているわけではなく、分かりやすく説明するための解釈のひとつとして定義づけているにすぎません。そもそも名古屋めしとは、地元の人をはじめ多くの人が受け入れて親しむ中で広まった言葉ですから、無理矢理枠をもうけて当てはめる必要はありません。

特定のチェーンのメニューを名古屋めしに入れるのか？（スガキヤラーメンや「コメダ珈琲店」

のシロノワールなど）

全国で食べられる料理は名古屋めしなのか？（例えばエビフライ）

新興の創作料理を名古屋めしと呼ぶのか？

冷やし中華にマヨネーズのような食習慣はどう扱うのか？

地域性のあるたこ焼きやお好み焼き、みたらしを〝名古屋流〟とするのか？

駄菓子屋発祥で縁日の屋台でも食べられる「たません」も名古屋めしに入れたい！

かつては郷土料理の代表格だったが今では滅多に食べる機会がない鯏味噌、かしわの引きずりは？　などなど。

これらに対する判断を含めて、それぞれで線引きの仕方がありますし、ある程度ゆるやかに幅を持たせた解釈でよいと考えています。表記については「名古屋めし」「名古屋メシ」「なごやめし」など、それぞれが好きに使えばいいでしょう。

それでも、やはりどんなものでも知識があった方が解釈の仕方も深く、楽しくなることは確か。名古屋めしを実際に食べる時にも、より味わいが深くなるはずです。さらには人に説明する時にも会話が広がり、これまた食事の時間が充実したものとなるに違いありません。

本書も、その一助になるよう、名古屋めしについてできるだけ深く、正しく解説していきたいと思います。

名古屋めし基礎知識

さて、バラエティ豊かな名古屋めし、それぞれ一体どんな食べ物で、どれくらい地元で親しまれているのでしょうか。主だったものについて説明していきましょう。

「名古屋めしって何？」と聞かれた時に役立つ『名古屋めし辞典』

◉味噌煮込みうどん

味噌煮込みうどんは店でも家でも食べられる

【特徴・ルーツ】

豆味噌のつゆでぐつぐつ煮込むご当地うどん。一般的な塩水で打つうどんではなく、真水で打つ煮込み専用麺を使い、土鍋で直接煮込む。小麦粉を練った団子状のものを鍋に入れて煮込む家庭料理がルーツといわれる。

中区大須にあった「山本屋」が大正時代にメニュー化し、この流れをくむ「山本屋総本家」「山本屋本店」が昭和30〜

40年代に名物の地位を確立。太くて硬いやや芯の残った独特の麺はもともと「山本屋」ならではのものだったが、現在はこれにならった店が多い。

【浸透度】

名古屋および愛知県、岐阜県の広い範囲に分布。名古屋市内および周辺地域のうどん店ならほぼもれなく食べられる。

スーパーの袋麺も多く、家庭でも日常的に食べられる。同じ愛知県内でも三河地方では、名古屋から離れるにしたがい、麺は軟らかく、味噌は薄くなる傾向にある。

◉味噌カツ

【特徴・ルーツ】

豆味噌ベースの味噌ダレをかけたトンカツ。戦後の屋台でお客が「どて煮」（後出・P48参照）の鍋に串カツを浸して食べたのがルーツといわれる。一方、昭和10年代前半に名古屋で生まれたとする文献もある。

名古屋ではトンカツはソースより味噌！

【浸透度】

愛知、岐阜、三重の愛知県寄りの地域など、東海地方の広い範囲に分布。トンカツ専門店、食堂、居酒屋、喫茶店など揚げ物を扱う店に広く分布し、名古屋周辺でトンカツを出す店ならほぼ100％、味噌ダレかソースかを選べる。

チューブ入り味噌調味料も愛知では親しまれ、家庭でもこれをかけて味噌カツにするケースも少なくない。味噌串カツも、居酒屋やイベントの屋台、テイクアウトには欠かせない大定番で、こちらは一枚揚げのもの以上に、ソースよりも味噌が好まれる。

ひつまぶしは名古屋めし一のごちそうグルメ

◉ひつまぶし

【特徴・ルーツ】

うなぎの蒲焼を短冊状にきざみ、薬味には海苔、わさび、小ねぎ。おひつから茶碗によそい、一杯目はそのまま、二杯目は薬味をちらし、三杯目はお茶またはだし汁をかけてお茶づけにしてさらさらと。一品で三通りの味を楽しめる〝味変〟グルメ。

宴会料理の最後にうなぎを出す際、取り分けやすいよううなぎを細かく刻み、最後にさっぱりと〆られるようお茶づけにした、丼ではなくおひつを使うようになったのは出前の際に割れる心配がなくなおかつ軽いから、というのが定説（※他の説についてはP248ページで紹介）。江戸時代後期のうなぎ店のチラシに「まぶしめし」の品書きが、昭和初期の食堂のメニュー表に「ひつまぶし」の記載があり、この当時から既にメニュー化されていたことは間違いない。

【浸透度】

ガイドブック『プレイナゴヤ'75』では「（名古屋のうなぎ店の）ちょっとした流行は（中略）お茶づけにも適す〝櫃まむし〟といったものの進出である」と紹介され、この当時から市内のうなぎ専門店に広まっていたことが分かる。市内では「名古屋めしブームで観光客が増えてからメニューにした」という店も多く、今では大半のうなぎ専門店で食べられる。名古屋めしのイメージが定着しているため、名古屋から離れるほど浸透度は下がる。

◉手羽先

【特徴・ルーツ】

鶏の手羽先を素揚げし、甘辛のタレ、胡椒を主体としたスパイスで味つけする。

発祥は1963（昭和38）年創業の居酒屋「風来坊」で、きっかけは発注ミス。名物・ターザン焼の材料の丸鶏の注文が通っておらず、しかたなく代用として手羽先を常連に同じ調理法で出したところ大評判に。

手羽先は小さくて身が少ないため当時は主にスープのダシや飼料に回される部位だったが、この小ささがたくさん食べられ、さらにタレ・スパイスの特徴ある味つけを際立たせることになった。

手羽先は居酒屋の定番でデパ地下惣菜も人気

【浸透度】

元祖の「風来坊」、今でいうインスパイヤ系の「世界の山ちゃん」が共に60～80店のチェーン展開に成功し、名古屋の居酒屋ではどこででも食べられるほどのデフォルトメニューとして浸透。

1990年代頃からデパ地下惣菜の定番にもなり、食卓のおかずとしても親しまれるようになっている。

パンチの効いた甘辛味で特徴が分かりやすいため、「手羽先風味」のお土産用スナック菓子も多い。

◉きしめん

【特徴・ルーツ】

ひと言でいえばうどんを平たく延ばした麺料理（ただし名古屋独自の打ち方があり、詳細は第4章第3節で説明します）。たまり醤油ベースのつゆ、具はかまぼこ・油揚げ・ほうれん草などの青物に、花かつおをちらすのが基本。ただし、独立した麺料理というよりうどん店における麺の選択肢のひとつという位置づけで、同じ具のメニューで、うどん、きしめん、そばを好みによって選べる場合が多い。玉子とじ、天ぷらなど具が主役のメニューの場合、白醤油ベースのつゆが使われる。

名古屋城築城の際に集まった職人にふるまうためにつくられたとの逸話が有名で、他に雉肉を入れた「雉麺」、紀州から伝えられた「紀州麺」、碁石のような形の「棊子麺《きしめん》」とルーツには諸説がある。いずれにしても江戸時代から食されていたことは間違いない。

1933（昭和8）年発行の『名古屋観光案内』では「東京のそばに匹敵すべき『うどん、

きしめんは名古屋めしで最も伝統ある麺料理

きしめん』がある。きしめんは特に名古屋名物で…」と、鶏料理と並ぶ二大名物のひとつとして挙げられている。

【浸透度】

名古屋はじめ尾張地域では一般的な麺メニュー。市内のスーパーにも生麺、乾麺、カップ麺などが必ず置いてある。しかし同じ愛知県内でも、南東部にあたる三河地方では提供するうどん店は少なく、愛知県を出るとほとんど見られなくなる。需要は長らく減少傾向にあったが、２０１０年代後半から復調しつつある。

堂々たるご当地ラーメンの台湾ラーメン

◉台湾ラーメン

【特徴・ルーツ】

唐辛子とニンニクで炒め煮した通称〝台湾ミンチ〟をどっさり盛った激辛ラーメン。スープは鶏ガラダシで意外やすっきりしている。昭和40年代に台湾料理店「味仙《みせん》」の創業者が故郷の郷土料理・担仔麺（タンツーメン）を激辛にアレンジして考案。昭和50年代の激辛ブームに乗って人気を博し、名古屋名物となる。味仙は親族によるのれん分けで名古屋市内を中心に約10店舗あり、台湾ミンチを最後に盛るトッピング式（本店など）、ミンチをあらかじめスープに混ぜるミックス式（矢場店など）に大別される。

【浸透度】

名古屋市内のラーメン店、中華料理店の3割以上が採用しているといわれ、カップ麺や袋麺がスーパーで、本家・味仙系の店によるお土産品がキヨスクで売られるなど、堂々たる名古屋のご当地ラーメンといえる存在となっている。味の決め手である〝台湾ミンチ〟も名古屋めしらしさを象徴する要素になっていて、台湾まぜそばをはじめ、台湾もつ鍋、台湾ピザ、台湾スパなどの派生メニューも市内各所の店で見られる。ただし台湾にはこのような激辛料理はなく、あくまで名古屋発祥の台湾グルメである。

◉あんかけスパゲッティ

【特徴・ルーツ】

ミートソースを具がとけるまで煮込んででんぷんでとろみをつける通称〝あんかけソース〟が最大の特徴。こってり濃厚かつ胡椒のピリ辛さでとびきりパンチがある。麺は直径2・2㎜

の極太を使用。ゆでた後にラードで炒め、表面がコーティングされたプリッとした食感は〝逆アルデンテ〟とも称される。具のトッピングによる多彩なメニューバリエーションがあり、ハム類主体のミラネーゼ、野菜主体のカントリーを合わせた「ミラカン」のメニュー名もほとんどの店に浸透している。

昭和30年代前半にホテルのコックだった故・横井博氏がイタリアの家庭料理をヒントに名古屋人の好みに合う味をと開発。１９６１（昭和36）年に親戚と共同で始めた「そ〜れ」で商品化し、2年後に独立し「スパゲッティハウスヨコイ」を開業した。あんかけスパという呼び名は、昭和50年代に「からめ亭」店主がテレビの取材に「うどんのあんかけみたいなもの」と説明したのが始まりで、その後一般名詞化した。

こってり＆ピリ辛でクセになるあんかけスパ

【浸透度】

昭和40〜50年代にはインスパイヤ系ともいえる店が名古屋の中心部に次々に登場。市内では数店舗規模の専門店も複数ブランド存在し、喫茶店でも採用する店が多い。豊橋市内で5店舗を展開する「スパゲッ亭チャオ」も地元では絶大なる人気を誇る。「カレーハウスCoCo壱番屋」系列の「パスタ・デ・ココ」が店舗数は最も多く約30店舗。岐阜県の2店以外はすべて愛知県内で、ほぼ愛知限定のドメスティックグルメとなっている。ヨコイをはじめ地元メーカーによるレトルトソースも複数あり、名古屋市内のスーパーではレギュラー商品となっている。

◉鉄板スパゲッティ

【特徴・ルーツ】

ケチャップ味のスパゲッティを鉄板皿に盛り、とき卵を流し入れる。具は赤いウインナー、グリーンピース、玉ねぎなどが基本。誕生は昭和30年代半ば。同業者らとイタリア旅行へ行った「喫茶ユキ」（名古屋市東区）創業者が、本場のパスタを食べながら「最後まで冷めずに食べられる方法がないか」と思案。名古屋の食器メーカーと鉄板皿を共同開発してメニュー化した。当時は喫茶店の開業ラッシュで、食事メニューの充実を図る店が多く、見本市で皿が飛ぶよ

鉄板スパは喫茶店発祥の庶民派グルメ

うに売れたそう。イタリアンスパ、鉄板ナポリタンとも呼ばれる。

【浸透度】

昭和40~50年代に名古屋市内を中心に愛知県および周辺エリアの喫茶店に普及。1990年代以降、本格的なイタリアンパスタが食べられる店が増えるにつれて、古い喫茶店にしかない時代遅れのメニューになるも、2000年代初頭の全国的なナポリタンブームで〝名古屋流ナポリタン〟として注目度が高まり、若者向けのカフェや洋食店などでも採用する店が増加している。

スガキヤラーメンは愛知県民のソウルフード

◉スガキヤラーメン

【特徴・ルーツ】

和風とんこつスープの乳白色の色合いと、中華のラーメンとは明らかに違う、ほんのりクリーミーな和テイストは唯一無二。1946（昭和21）年に「甘党の店」としてオープンし、2年後に「寿がきや」と店名を変えると同時にラーメンを商品化。以後、ショッピングセンターのフードコートを中心に多店舗展開を進め、現在およそ300店舗を展開する。「ラーメン専門店ではなくあくまでファストフード」と本部が言い切る通り、1杯360円（2022年8月現在）のロープライスも企業努力の賜物。近年のグルメ志向のラーメンとは一線を画す、大衆食としてのラーメンとして名古屋人・愛知県民のソウルフードとなっている。

【浸透度】

店舗分布エリアは静岡から兵庫まで。名古屋市内に約70店、愛知県内に約180店と地元での出店が大半を占める。ある在名テレビ局の調査では「食べたことがある」愛知県民はおよそ9割！　圧倒的な浸透度で、名古屋人・愛知県民のソウルラーメンともいうべきポジションを確立している。グループ会社の「寿がきや食品」によるカップ麺、袋麺もスーパー、コンビニの定番で、家庭でも食べられる機会は多い。

◉小倉トースト

【特徴・ルーツ】

バタートーストであんこをはさんだ和洋折衷スイーツ。大正後期、名古屋市中区にあった甘味喫茶「満《ま》つ葉《ば》」で、常連客がぜんざいにトーストをひたして食べていたのをヒントに商品化されたと伝えられる。

メニュー名として浸透している「小倉」あんは、本来はこしあんに蜜で炊いた大納言小豆を混ぜたものだが、実際には大半の店が普通の粒あんを使っている。「あんトースト」と呼ぶ店もあり、厳密にはこの名前の方が正しい。2枚のパンであんこをはさむオーソドックスなサンド式、上にあんこをのせるトッピング式、自分でお好みの量を塗るセルフ式に大別される。近年はさらにクリームやジャムなどを盛ったアレンジ型を出す店も増えている。

小倉トーストは名古屋喫茶ではデフォルト

【浸透度】

基本的には喫茶店メニューで、東海地方の喫茶店およそ3500軒にパンを卸している「本間製パン」によると、分布エリアは愛知、岐阜、三重県の一部で、実に8割の店で食べられるとのこと。かつては昔ながらの喫茶店で見かけるメニューだったが、東京などでブームのあんバターのルーツとしても注目度が高まり、カフェなども含めて提供店が増えている。お土産用の菓子の分野でも、2010年代後半から小倉トーストテイストの商品が急増している。

◉モーニング

【特徴・ルーツ】

喫茶店のモーニングサービスは今や「モーニング」の略称で、〝名古屋の喫茶店のおまけサービス〟として通じるほど。朝の時間帯にコーヒーなどドリンクを注文するとトーストやゆで玉子などが無料でついてくる。名古屋市内ではあれもこれも、という店は少なく、近郊の尾張、三河地域ほどてんこ盛りのモーニングに出会える。

昭和30年代初め頃、愛知県一宮市の店が常連のためにピーナッツとゆで玉子をつけたのが始まりといわれ、またほぼ同時期に豊橋市でも同様のサービスが始まったとされる。

名古屋でも1965（昭和40）年の新聞に、モーニングをはじめとするサービス合戦の激化が紹介されている。おまけの内容は店ごとに異なり、料理の種類ではなく、システムがご当地グルメのひとつとしてとらえられているのは全国でも極めて珍しい。

【浸透度】

名古屋の朝は喫茶店のモーニングから

愛知県、岐阜県の喫茶店では当たり前というほど浸透している。三重県では名古屋寄りの四日市市あたりまでは比較的採用している店が見られる。名古屋発の「コメダ珈琲店」が2000年代以降、チェーン展開を本格化させたことで全国にも波及している。

天むすは手土産から軽食まで用途が広い

◉天むす

【特徴・ルーツ】

小エビの天ぷらが入った小ぶりの海苔巻きおむすび。付け合わせとしてフキの佃煮・きゃらぶきがつくのも必須。1960年代、三重県津市の天ぷら店「千寿」がまかないとしてつくったところ好評を博し、ほどなく天むすの専門店に。行列ができるほどの人気を獲得した。のれん分けとして名古屋・大須の「千寿」が1980（昭和55）年に開業。2年目にテレビで取り上げられたのをきっかけに芸能人が差し入れ用としてひいきにするようになり、業界の間で〝天むす＝名古屋〟の評判が広まった。シンプルな料理ゆえ「千寿」以前にも提供店があったとの声もあるが、大須「千寿」から名古屋名物としての人気が広まったことから、名古屋めしとしての天むすのルーツは津市にあると考えるのが一般的。

【浸透度】

「千寿」「地雷也《じらいや》」など複数のブランドが、地下街やショッピングモールに主に持ち帰り専門店を出店。名古屋ではスーパーの総菜として売られていることも多く、コンビニ商品としてもしばしば採用される。津・千寿に師事して1980年代に創業した「天むす・すえひろ」は大阪に本社を置き、関西、関東の百貨店などに広く販売網を広げている。

◉味噌おでん・どて煮

【特徴・ルーツ】

豆味噌のダシで牛・豚のモツ（内臓）を煮込んだものがどて煮。どて煮の鍋にこんにゃくやちくわ、大根などを加えたものが味噌おでん。境界線は曖昧で、味噌おでんを「どて」の品名で出す店もある。モツは、戦前は一部の食通が口にする

味噌おでん・どて煮は飲み屋でも家庭でも

もので、一般化したのは昭和20年代以降。名古屋でもこの当時多くの屋台が生まれ、店先で大鍋を炊き、どて煮、味噌おでんを提供する店が多かった。昆布ダシで炊くいわゆる関東煮に調味味噌をかけたものも味噌おでんと呼ばれ、家庭ではチューブ入り調味味噌を使ってこちらのタイプを食べるのが一般的。

【浸透度】

名古屋をはじめ愛知県内全域、そして岐阜と豆味噌食文化圏ではごく当たり前のものとして浸透していて、主に居酒屋、食堂などで食べられる。ただしこれら地域では必ず味噌おでん、というわけではなく、関東煮のおでんを出すところも珍しくはない。名古屋市の学校給食でも1958(昭和33)年から味噌煮が献立として採用されている。

◉赤だし

【特徴・ルーツ】

「豆味噌ベースの調合味噌のことで、これでつくる味噌汁も「赤だし」と呼ばれる。もともと関西の料亭などの料理人が、豆味噌のうまみを活かしつつもクセの強さを中和するように米味噌や調味料を合わせて仕込んで使っていたものを「赤だし」と呼んでいたとされる。

1955（昭和30）年に醸造メーカーの盛田（名古屋市）が「赤だしみそ」を初めて商品化。その後、名古屋や愛知の豆味噌の醸造元が続々「赤だし」を開発・販売して広まった。

【浸透度】

名古屋を中心とした東海圏では、豆味噌もしくは赤だしを使った味噌汁が当たり前で、外食チェーンもこの地域に出店する際には味噌汁のローカライズを余儀なくされる。ただし、豆味噌、赤だし、赤だし味噌汁、さらには八丁味噌は名古屋でも混同している人がほとんどで、違いを明確に説明できる人は地元の飲食業界でも少ない。

赤だしは名古屋人のうま味嗜好の根源

◉名古屋コーチン

【特徴・ルーツ】

通称〝かしわ〟が鶏肉の代名詞にもなっている元祖・銘柄鶏。肉質がしまってうま味が濃く、鍋はもちろん串焼き、刺身などどんな調理法にも合う。よく産むという卵は、やはり味わいが濃厚で、親子丼や洋菓子など様々な分野で活用されている。

明治初期、旧尾張藩士の海部《かいふ》兄弟が中国の九斤《バフコーチン》と尾張の地鶏をかけ合わせて開発。全国に広まるが、昭和30年代後半に大量生産しやすい外国種が輸入されると絶滅寸前にまで激減する。

しかし、地元の飲食事業者や農業関係者の取り組みによって1984（昭和59）年に本格供給が再開し、奇跡の復活を果たした。

【浸透度】

名古屋コーチンを扱う飲食店は今では全国各所にあるが、名古屋市内および愛知県が圧倒的に多い。

鍋をメインとする高級店の他、コーチンの手羽先をウリにする居酒屋や、丼専門店も市内ではあちこちで見られる。土産物売場や百貨店でもコーチン商品は多い。

名古屋コーチンは鍋、焼き、卵と万能食材

◉ういろう

【特徴・ルーツ】

もっちりした食感と素朴な甘みで親しみやすい和菓子。室町時代に元（現在の中国）から帰化した陳外郎《ちんういろう》（※外郎は薬を扱う役職名）が売り出した漢方薬が外郎薬、その口直しに添えた菓子がいつしかういろうと呼ばれるようになった。

小田原、山口、京都、長浜など名産地は全国各地にあり、材料や形状は地域ごとに少しずつ異なる。名古屋では米粉を原料とする棒状の棹菓子が基本。1933（昭和8）年刊『名古屋観光案内』で既に「名古屋といえばういろうといわれるほど有名」と記されている。このイメージをさらに強固にしたのは1964（昭和39）年の東海道新幹線開通がきっかけ。ここで青柳総本家が車内販売を行ったことで、全国の人が名古屋のお土産として買い求めた。

今では名古屋を中心とした東海地方が全国生産の9割を占める。

名古屋銘菓の存在感は揺るぎないういろう

【浸透度】

名古屋市内の主要駅や百貨店の土産物売り場では必ず複数店のういろうを見つけることができる。ただし、和菓子店ならどこでもつくっているというわけではなく、特にお茶席用の上生菓子を扱う店では棹菓子のういろうの取り扱いは少ない。お土産品としての需要が中心で地元の人ほど食べていない、と長らくいわれてきたが、近年は代表的なブランドがひと口タイプや季節限定品などの販売に力を入れるようになり、存在感が高まっている。

カレーうどんは名古屋で独自進化し浸透

◉カレーうどん

【特徴・ルーツ】

カレーうどんは大正時代に東京で生まれたとされ、全国に普及しているのはカレー風味のあんかけうどんともいうべきもの。対して名古屋では、独自に進化した名古屋流カレーうどんが浸透している。インド料理ばりのスパイスを駆使したカレールゥはポタージュのようなとろみがあり、ダシには鶏ガラを使用。極太麺に具は豚肉、肉厚の油揚げ、ねぎ、かまぼこがスタンダード。

昭和50年代に名古屋市北区にあった「鯱乃家《しゃちのや》」が考案し、これが大ヒットしたことで、これをメインにすえるチェーン店や本家の弟子筋の店が名古屋を中心に出店して、ご当地グルメの一角に挙げられるほど広まった。

【浸透度】

主に名古屋市および周辺地域で、これをメインにすえる専門店に近いうどん店が点在。チェーン店の「若鯱家《わかしゃちや》」は名古屋および愛知県内に約20店舗、岐阜県・三重県に合わせて約10店舗、他関東エリアに複数店を主にイオン、アピタなどのショッピングモールに展開する。カップ麺、袋麺も商品化され、名古屋や周辺エリアでは手軽に購入できる。

◉鬼まんじゅう

【特徴・ルーツ】

角切りのサツマイモを小麦粉生地に混ぜた蒸し菓子。ゴツゴツしたイモが鬼の角のように見える、というのが最も有力な名前の由来。他、食糧難の時代に収穫しやすかったサツマイモを食べて災厄（鬼）を追いはらう願いをこめた、との説もある。明治末期～大正の頃、サツマイモ栽培が盛んだった愛知県で庶民のおやつとして親しまれるようになったと考えられる。

【浸透度】

名古屋では庶民的な和菓子店ではほとんどの店で取り扱いがあり、デパ地下、スーパーなどいたるところで日用のおやつ菓子として出回っている。愛知県内はほぼ全域、岐阜の東濃～飛騨、三重県なら名古屋に近い桑名あたりまでで見られる。原料のサツマイモは蒸すと日持ちがしなくなるため賞味期限が当日限りというケースがほどんどで、そのため遠方への手土産には不向きで、他地域ではいまだにあまり知られていない。

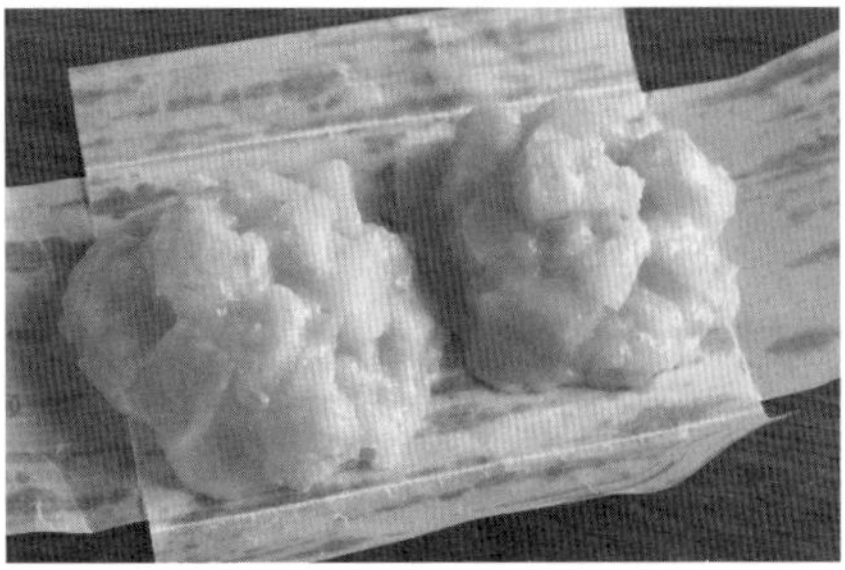

庶民のおやつとして愛される鬼まんじゅう

◉守口漬

【特徴・ルーツ】

愛知・岐阜の木曽川畔で栽培される伝統野菜・守口大根の漬物。粕漬けだが、酒粕だけでなく味醂粕も使うため、クセがなく芳醇な香りがあって食べやすい。守口大根は長さ1m以上にもなる細長い大根で、とぐろをまくように漬ける。繊維が詰まってコリコリとした歯ごたえがあるのが特徴。大阪・河内国守口の長大根がルーツとされ、秀吉が命名したと伝えられる。産地はその後岐阜市へ移り、戦後になると愛知県扶桑町が最大の産地となる。

現在のような味醂風味の味つけは明治時代に名古屋の実業家・山田才吉が考案して広まった。

【浸透度】

産地が愛知県扶桑町、岐阜県各務原《かかみがはら》市の木曽川畔のため、生産者の多くは名古屋を中心とした愛知と岐阜。戦後、生産体制の整備もあって名古屋を代表する土産物に。現在でも名古屋の主だった土産物売り場には欠かせない存在となっている。

食生活の多様化にともない売上は減少傾向にあったが、平成後半の頃から細かく刻んだ食べ切りタイプの商品などが登場し、料理の具材として活用するなど新しい食べ方にも注目が集まっている。

高級漬物として古くから重宝される守口漬

◉台湾まぜそば

【特徴・ルーツ】

台湾ラーメンの激辛台湾ミンチを活かしたアレンジメニュー。ニラ、ネギ、ニンニク、魚粉、ゴマ、海苔、卵黄を汁なしの太麺にのせ、かき混ぜて食べる。辛さの中に多層的なうま味がありクセになるヤミツキグルメ。

2008（平成20）年、オープン間もなかった「麺屋はなび」（名古屋市中川区）が開発するとたちまち大ヒットし、一躍名古屋めしの一角を占める存在に。

【浸透度】

市内のお土産店、東海地方のコンビニでも見られるほど浸透している。元祖の「麺屋はなび」の系列は名古屋・愛知にとどまらず国内外あわせて約70店舗。インスパイヤ系も多く、全国で1000店舗以上で提供されているともいわれる。

地元以外ではなかなか受け入れられない名古屋めしが多い中、最も全国進出に成功している一品といえる。

全国進出に成功した新進グルメ台湾まぜそば

◉とんちゃん

【特徴・ルーツ】

豆味噌仕立てのホルモン焼肉。牛ではなく豚の内臓を使い、豆味噌でもんで金網もしくは鉄板で焼く。

動物の内臓を使うホルモン料理は大正時代から食されていたとの記録があり、とんちゃんと呼ばれるホルモン焼きは全国各地にあるが、豚の内臓+豆味噌の組み合わせは名古屋特有。昭和の時代に、これをメインにする下町の庶民的な焼肉店で親しまれてきた。

【浸透度】

名古屋市内では昔ながらのとんちゃん屋を今も下町で見かける。

かつては知る人ぞ知る存在だったが、1990年代半ばに創業したとんちゃんがメインの「やぶ屋」（名古屋市を中心に約10店舗）、焼肉チェーンの「あみやき亭」（本社は愛知県春日井市、全国に100店舗以上）が知名度を大きく引き上げた。今では名古屋、愛知の焼肉店での採用度も高まっている。

愛知の豚食+豆味噌文化が生んだとんちゃん

◉エビフライ

【特徴・ルーツ】

エビフライは日本発祥の洋食で、明治時代の文献には既にいくつもの記述が登場する。愛知は県魚が車エビとなるほど漁獲量が多く、もともとエビ好きの土地柄。南知多町の「まるは食堂」は1960年代から巨大なエビフライをウリにして人気を博してきた。〝エビフライ＝名古屋〟のイメージが広まったのは1980年代のタモリさんのギャグから。ホテルのロビーに飾られた伊勢海老の殻の宝船を見て面白がり、名古屋人のエビ好きを名古屋弁でもじって〝エビフリャー〟と茶化したことに由来する。これに便乗し、名古屋市内の多くの飲食店がエビフライを積極的に売り出したことで名物のひとつに。名古屋城の金シャチに見立てて盛りつける店なども現れてメディアの露出も増え、名古屋名物のイメージが強化された。

名古屋人は「エビフリャー」とは言いません（？）

【浸透度】

エビフライ自体は全国で食べられるが、名古屋市内では看板商品として出す店が少なくない。味噌カツのタレをかけた味噌エビフライを出す店もある。名古屋駅地下街エスカでは飲食テナントのおよそ4割がエビフライを採用している。

◉えびせんべい

【特徴・ルーツ】

伊勢湾・三河湾で捕れるアカシャエビが原料。でんぷん生地の庶民的なえびせんべいは、愛知県一色町（現・西尾市）で明治時代に製法が開発されて地場産業に。現在も国内生産の7割をこの地域が占める。

贈答用の高級えびせんべいはルーツが異なり、江戸時代の漁師が浜でえびのすり身をあぶり焼きにして食べていたえびはんぺいを殿様に献上したのが始まりとされる。

【浸透度】

名古屋および愛知県内のスーパーのせんべい売り場では、えびせんべいが主役というほど中心的スペースを占めている。

えびせんべいは庶民のおやつと贈答用がある

特に知多半島や三河地方の沿岸部は生産者が多く、土産物店の主役のひとつにもなっている。贈答用の高級えびせんべいも名古屋の土産物売り場、デパ地下では必須の人気商品に数えられている。

◉ころ（うどん・きしめん）

【特徴・ルーツ】

冷たいつゆをかけたうどん、きしめんのこと。「ころうどん」「きしころ」などと呼ぶ。独立したメニューというより食べ方のことで、「きしめん、ころにしてちょ（冷たくしてください）」などと注文する。

〝ころ〟という呼び名の由来には諸説があり、公設市場の製麺所兼食堂で生まれたとの説がいくつもある。丸めた白玉麺を丼に〝ころっ〟と転がすように入れてつゆをかけたから、石ころやあんころもちのように小さくて丸っこいものを〝ころ〟と呼ぶから、冷たい食べ〝ごろ〟の時にさっと食べるから、など…。冷たくて

“ころ”は名古屋のうどん店で広く親しまれる

も香り高い露＝香露《こうろ》が転訛して、とする説もある。
地元のグルメ誌『あじ・くりげ』15号（1957年）には、生粋の名古屋人の友人がきしころ愛好者でビルマ派遣の際も郷愁を感じ続けていたとの記述があり、戦前から既にあったことがうかがえる。

【浸透度】

名古屋市内のうどん店では概ね通じるが、名古屋から遠ざかるほど通じなくなる（香露説を唱える岐阜県多治見市の「信濃屋」も戦前は名古屋にあった）。名古屋のテレビ局・メ〜テレが和食チェーン「サガミ」の店舗で調査したところ、西は三重県亀山市、東は静岡県浜松市までは「ころ」で注文が通ったそう。
2010年代後半から名古屋市内を中心に始まった「きしころスタンプラリー」で認知度が高まり、ラリーに参加する愛知県内の店にも広まっている。

◉志の田うどん

【特徴・ルーツ】

かまぼこ、ネギ、油揚げを盛った白醤油つゆのうどん。麺はきしめんにも替えられる。同じ具を醤油で味つけしてご飯に盛った志の田丼もある。名古屋の古いうどん店に尋ねても「昔からあるから当たり前だと思っていた。由来は分からない」との答えがほとんどでルーツは定かではないが、戦後間もない時代には既に定番になっていたことは確か。

浄瑠璃の演目にもなっている大阪・信太森神社の白狐伝説にちなみ〝白狐→白醤油・油揚げ〟の発想で生まれ、粋を気取ってあえて〝信太→志の田〟の当て字にした、との説もある。

これぞ"隠れ名古屋めし"の志の田うどん

【浸透度】

名古屋市内の古くからのうどん店では定番メニューで、岐阜県や三重県の名古屋寄りの地域ではしばしば見られる。

愛知県内でも三河地方では、ほぼ同様の具の取り合わせの〝にかけうどん〟に取って代わられる。

少々地味な存在のため名古屋めしとして挙げられる機会は少なく、ほとんどの店も市民も名古屋限定とは気づいていない典型的な〝隠れ名古屋めし〟。

◉海老おろし

【特徴・ルーツ】

えび天、大根おろしを盛った冷たいうどん（またはきしめん、そば）。そば用の甘めのつゆを使う店が多い。名古屋瑞穂区で1968年に開業した「えびすや」（現えびすや大治店）が1970年頃に考案。本店にあたる「総本家えびすや本店」（名古屋市中区）がこれを採用すると、豪華でボリュームもありかつリーズナブルだと繁華街の深夜族にウケて人気に火がついた。

【浸透度】

名古屋のうどん店では夏限定で出す店が多く、冷やし中華のごとく「海老おろし始めました」の貼り紙が夏の風物詩にもなっている。製粉メーカー「金トビ志賀」（愛知県蒲郡市）によると愛知県内のうどん店の大半が採用しているとのこと。岐阜、三重ではあまりお目にかかることはなく、あくまで名古屋を中心とした愛知限定の隠れご当地麺だ。

海老おろしは名古屋の夏に欠かせない一品

このように全国的に知られているものから、地元の人でも知る人ぞ知る存在だったり、当たり前すぎて地域限定と気づかれていなかったりするものまで、名古屋には本当に数多くの郷土料理＝名古屋めしが存在します。

何を食べようか迷った時の参考に、食べながらの話題のひとつに、この辞典を活用しながら、いろいろな名古屋めしを味わってみてください。

コラム

「なごやめし総選挙」筆者予想がハズれた理由

P19で紹介した「1億人のなごやめし総選挙2022」。2022（令和4）年1～3月のおよそ1カ月間、ネット投票で行われました。対象は28品（その他、自由記載も可）。有名メニューだけに票が集中しないよう、1人1日8品まで、何度でも投票できるという方法がとられました。

投票者はのべ15万5441人、総得票数は62万9460票。8割以上が愛知県外からの投票でした。その結果は次の通りです。

1位　ひつまぶし
2位　味噌カツ
3位　手羽先
4位　味噌煮込みうどん
5位　天むす
6位　小倉トースト
7位　モーニング
8位　名古屋コーチン
9位　きしめん
10位　エビフライ

「1億人のなごやめし総選挙2022」の結果。「優勝メニューを一品決めるというよりも今、人々が認識する“なごやめしの範囲”を確認することが目的だった」と主催者のなごやめし普及促進協議会

対して筆者が選挙開始当時、Ｙａｈｏｏ！ニュースに書いた予想は次の通りでした。

1位　味噌煮込みうどん
2位　ひつまぶし
3位　味噌カツ
4位　手羽先
5位　きしめん
6位　あんかけスパ
7位　小倉トースト
8位　台湾ラーメン
9位　モーニング
10位　天むす

〝名古屋めし界の池上彰〟と自称し自信満々で予想したにもかかわらず的中はゼロ！
いやはや面目ありません。予想と結果が近かったのは「ひつまぶし2位　予想↓1位」「味噌カツ3位　予想↓2位」「手羽先4位　予想↓3位」「小倉トースト7位予想↓6位」といったところ。「あんかけスパ6位　予想↓14位」、「台湾ラーメン8位　予想↓16位」は差が大きく、何より1位と予想した味噌煮込みうどんが4位だったのでは、大ハズレといわれてもしかたありません。

投票結果の全体的な印象として、まず目を引くのは「ひつまぶし」「味噌カツ」「手羽先」「味噌煮込みうどん」の〝名古屋めし四天王〟（筆者が勝手に命名）の強さ。この4品は順位の変動こそあるものの過去のあらゆる名古屋めしアンケートでトップ4を占めていて、その盤石の評価が今回も証明されました。

意外だったのは5位の「天むす」と10位の「エビフライ」。名古屋めしのカテゴリーに入るのか疑問を呈する人もいる（天むすは三重県津市ののれん分け店から名古屋名物に、エビフライは東京発祥といわれ全国で食べられる）グルメが、2015（平成27）年にも同様に行われた人気投票よりも順位を上げ、高位置にランクインしました。

「名古屋コーチン」のトップ10入りも過去の各種ランキングを含めて初めての快挙。1位のひつまぶしと並んで名古屋めしの中では貴重な高級・ごちそうグルメだけに、〝食べてみたい〟という期待感が得票につながったのでしょう。

対して、地元では熱狂的ファンも多い「あんかけスパ」（14位）「台湾ラーメン」（16

位）は意外や苦戦を強いられました。他地域ではほぼ食べられず、味が想像しにくいこと、個性が強烈で好き嫌いが分かれることが、伸び悩んだ要因だったのかもしれません。

ラインナップをあらためて見渡すと、地元で親しまれているグルメは地盤の期待に応えきれなかったものもあり、逆に他地域でも知られている品が浮動票をつかんで躍進を果たした、という印象です。つまり、名古屋以外の人がたくさん選挙に参加してくれたため、地元の人の先入観をくつがえす結果になったのだと考えられます。

こうしたランキングは名古屋めしへの関心を高めるのにも効果的。他地域の人は、まずは人気上位のメニューを制覇する、未体験の名古屋めしにチャレンジするなど、名古屋めしを楽しむきっかけとして活用できるでしょう。一方、名古屋人にとっては他地域での評価や印象をうかがい知るよい機会になると感じます。結果をふまえて、名古屋めしに対する正しくポジティブな情報を発信していくことで、観光資源としても効果的に活用していけるはずです。

そして筆者も個々の名古屋めしを日々味わい、次の選挙こそはパーフェクト！を目指します。

第2章
かつて「名古屋めし」はゲテモノだった⁉

今や名古屋の堂々たる観光資源となり、人気店では行列が当たり前となっている名古屋めし。しかし、1990年代まではメディアなどでゲテモノ扱いされることも少なくありませんでした。

一体なぜ、名古屋めしは風変わりで珍奇なものとして見られていたのか？　ブーム以前の不遇の時代をふり返ります。

揶揄の対象だった90年代までの名古屋

名古屋めしを通してテレビなどで紹介される機会も少なくない名古屋ですが、かつては東京のメディアからもっぱら〝いじられる〟〝ネタにされる〟対象でした。1980～90年代には「文化不毛の地」「大いなる田舎」「日本三大ブス産地」「名古屋とばし」など、ありがたくないレッテルを貼られて取り上げられることもしばしばでした。

こんな名古屋いじりの代表がタモリさんです。

「みゃーみゃー言ってエビフリャーをありがたがっている」といった名古屋弁模写を十八番《おはこ》のひとつとし、とりわけ1981（昭和56）年のオリンピック開催地落選を笑いのネタにしたことで、名古屋人にとってタモリさんは「名古屋いじりの元凶」「宿敵」とみなされることになります。

名古屋が揶揄の対象だったことは、「JOKE　TOWN」なる言葉がまさに象徴的でした。1990年代半ば、何と英語の辞書に「JOKE　TOWN―みんなの物笑いの種になりそうな雰囲気をもつ町。日本でいえば名古屋」と書かれてしまったのです。当時は世間からこんなイメージで見られ、その空気は間違いなく中央のメディアによって広められたものでした。

〝日本第三の都市〟と称される大都市でありながら、文化、風習、方言などが独特……ようするに田舎臭さが残っていることが、メディアから面白おかしく扱われる一番の原因でした。しかも、東京や大阪からも決して遠くはない本州のど真ん中に位置し、ビジネスではそれなりに人の行き来があるため、東京と違うことがことさら際立っているように見えたのでしょう。

また、なんだかんだいっても経済的に豊かでれっきとした都市であることも、からかいの対象にしやすかったと考えられます。本当に困窮、荒廃していたり、過疎だったりしている町をからかってはしゃれになりません。しかし、名古屋の場合はそうではないため、からかい半分でディスっても良心の呵責を覚えにくいのです。

加えて大阪のような強烈な自己主張や反骨精神がないことも、名古屋をネタにしやすい要因でした。大阪をからかいの対象にしたら猛烈な反撃に遭いそうですが、名古屋の場合は正面切っての反発はないだろう、とタカをくくられてしまうのです。実際、タモリさんは「大阪だと反発が強いだろうから名古屋ならいいだろう、と考えた」という趣旨の発言を当時しています。

つまり名古屋は、メディアが特定の地域を取り上げて笑いを取りたい、という際にうってつけのスケープゴートになっていたのです。

味噌カツも小倉トーストもひつまぶしもヘンテコメニュー？

そして、そんな名古屋の特異性を象徴するのが食文化でした。

味噌カツや味噌煮込みうどんなど、他の地域ではまずお目にかかれず、しかも味のインパクトが強烈。そして見た目も茶色っぽくてどこかあか抜けない……。そんなご当地グルメの数々も格好のいじるネタとされたのです。

「トンカツに味噌をかけるなんて！」

「うなぎの蒲焼きを何でお茶漬けに？」

「味噌煮込みうどん、麺が硬くて生煮えだろっ！」

「あんかけスパ？　想像できない」

「小倉トースト。どうしてあんこをのせるの？」などなど……。

いじられるどころか、ゲテモノ扱いされるようなことも珍しくはありませんでした。

個々のメニューに対してだけでなく、名古屋の食文化全般をこき下ろすような論評も。

「名古屋というところは『おいしいもの・うまいもの』に関しては、やはりさびしい町である。『食は文化である』とよく言われるが、文化不毛という観点からすれば、食についても名古屋はやはり不毛なのかもしれない」(『名古屋学』岩中祥史、経営書院、1994年)とまで書かれる始末。著者の岩中氏は名古屋出身ですが、同書は東京の出版社から全国に向けて出版されたものですから、当時はこのような名古屋いじり……を通り越して名古屋ディスりが、全国的に面白がって受け入れられていた証左といえます。

サブカルブーム全盛で、何でもナナメ見して笑いのネタにする。そんなモノの見方が幅を利かせていた時代の空気も、名古屋が格好のターゲットにされていた要因だったといえるかもしれません。

村上春樹も〝奇食喫茶＝名古屋〟!?

名古屋の食を特異なものとして面白がるのは、かの国民的小説家・村上春樹氏をしてもそうでした。

『東京するめクラブ　地球のはぐれ方』（村上春樹・都築響一・吉本由美、文藝春秋、2004年　※初出誌は『TITLE』2002年）では、旅行記の最初の目的地が名古屋。そしてあろうことか「喫茶マウンテン」をいの一番で取り上げています。

「喫茶マウンテン」は甘口抹茶小倉スパ、いちごスパなど風変わりなメニューで全国にその名を轟かす名物店。味も見た目もボリュームもインパクト抜群の料理を求めて遠方からわざわざ足を運ぶお客も絶えない人気店でもあります。

しかし、それらの名物メニューはあくまでマウンテンでしか食べられないオンリーワンであり、決して名古屋を代表するものでもなければ、ましてや名古屋めしと呼ばれる郷土料理でもありません。

にもかかわらず村上春樹氏一行は「マウンテンなしに名古屋は語れないでしょう」と、まずここを訪れ、レポートしています。

それに先駆けて「名古屋というエリアは外界からは忘れられたまま孤立進化してきた。そういう孤立進化の状態がもっとも顕著にあらわれているサンプルが名古屋の食べ物。どれを食べても

喫茶マウンテンの甘口抹茶小倉スパ。名物喫茶の看板メニューだが、もちろんこんなメニューを出しているのはこの店だけ。決して「名古屋めし」ではない

『なんか変だ』というかすかな違和感が常につきまとう。『なんかがずれているんだよな』と感じる」（一部省略して抜粋）と述べていて、つまりはマウンテンの怪メニューに〝名古屋らしさ〟を感じて、紹介しているわけです。

もちろん、さすが村上春樹！と思わせる考察は随所にあり、「（味噌煮込みうどん、味噌カツ、あんかけスパなどに対して）地元の郷土料理という感覚がない。ごく普通のものという感じで日常的に食べている」「（一品で満足・満腹になる料理が多いことについて）もう最初っからまっすぐ味噌煮込み親子えび天うどんなんだよね」という指摘は、名古屋人の食に対する意識を的確に言い表しています。

それでも、かの村上春樹の名古屋紀行の最初の訪問地が「喫茶マウンテン」だったという事実は、〝名古屋の食＝ゲテモノ〟と読者に印象づけるのに十二分の影響力があったのは疑いのないところ。

この紀行文は、初出が２００２（平成14）年で書籍化が２００４（平成16）年。愛知万博で名古屋めしが注目される直前のことであり、この頃までは名古屋の食の奇異な部分をことさらクローズアップして面白がるという見方が主流だったことを象徴しています。

名古屋めしはガラパゴス・グルメ

しかし、その村上春樹氏が、名古屋という町、そして名古屋の食を「孤立進化」と称しているのはまさに言い得て妙。

東海地方でしかつくられていない豆味噌をふんだんに活用することで、独自の嗜好性を育み、それに合わせてまた独特の料理が生まれて浸透する。他の地域とは異なる固有の進化を遂げたという点では、まさしくガラパゴス的といえます。

味噌煮込みうどんや味噌カツや小倉トーストは、ガラパゴスゾウガメやウミイグアナやガラパゴスペンギンみたいなもの、といったところでしょうか!?

しかも、ガラパゴス諸島のような絶海の孤島ならいざしらず、名古屋は本州のど真ん中。交通の要衝でもあり、中世から人・モノ・文化の交流も盛んでした。他地域のよいものは食も含めていくらでも入ってきていたにもかかわらず、独自性が強固に守られ、文化が地域内で完結していることが、他地域からは特に不思議に映るのでしょう。

名古屋のご当地食の数々は、そんな孤立進化の町・名古屋を体現する、風変わりで珍奇なものとして紹介されてきたのです。

「名古屋めし」という実は東京発の言葉が逆輸入的に名古屋へ伝えられた際、名古屋の人たちがそれをすんなり受け入れたのは、このような雌伏の時代があったから、でもありました。

それまでさんざん馬鹿にされてきた、自分たちにとってはおなじみの料理が、どうやら今、東京でウケているらしい。

そして、名古屋めしという言葉はそんな流行を象徴するトレンディなワードであるらしい。これは流行の対象になることとは無縁で、メディアからはもっぱら笑い者にされてきた名古屋人にとって、思いもよらない吉報でした。

東京で話題になっていることを裏づけるように、2005（平成17）年の愛知万博で名古屋めしの店に行列ができる様を地元民は目の当たりにします。

これまでバカにされがちだったホームタウンがようやく見直される、名古屋めしはそのシンボリックな存在となりました。

名古屋めしという言葉が地元でも急速に普及した背景には、コンプレックスに苛まれた時代と、それに対する反動があったのです。

第3章
「名古屋めし」人気グルメへの道

ゲテモノ扱いだった1980～90年代を経て、ゼロ年代以降大きく風向きが変わります。

全国のご当地グルメの注目度が高まる中で、名古屋の食はその代表格として大きくクローズアップされることになりました。

大きなきっかけとなったのは2005（平成17）年の愛知万博でした。

きっかけは2005年の愛知万博名古屋めしの店に行列が！

風変わりな食べ物としてもっぱらネタ扱いされてきた名古屋のご当地グルメ。しかし、ゼロ年代に入ると風向きが変わってきます。

第1章で書いた通り、東京で「名古屋めし」という言葉が生まれたのが2001（平成13）年。手羽先の「世界のやまちゃん」はじめ、名古屋の有力外食チェーンの東京出店も相次ぎ、名古屋のご当地グルメに対する注目度はじわじわと高まっていきました。

「名古屋めし」というカテゴリーとして紹介される機会が増え、外食シーンの新しいトレンドとして取り上げられるようになったこともイメージの変化をもたらします。それまでの〝ゲテモノ〟ではなく〝流行りもの〟のイメージが徐々に強くなっていき、純粋に興味を示す人が少しずつ増えていったのです。

そんな変化の決定打となったのが2005（平成17）年に開催された愛・地球博＝愛知万博でした。名古屋市の隣、長久手市と瀬戸市を会場に開催された同博は、開催序盤は苦戦を強いられるものの、しり上がりに来場者数が伸長。およそ半年の会期中、最終的に当初目標の1500万人を大きく上回るおよそ2200万人を動員します。

地元のリピーターが来場者の中心ともいわれましたが、それでも名古屋以外から訪れた人が相当数いたことは間違いありません。

万博会場へのアクセスは、県外の人の場合、ほとんどが名古屋駅から市内中心部を横断する地下鉄東山線を利用することになります。そのため、宿泊や食事は栄や名古屋駅といった名古屋市内の中心部で、という人が多くなります。

そんな万博来場者たちがこぞって足を向けたのが、名古屋めしの有名店、一店で何種類もの名古屋めしが食べられる居酒屋などでした。これらの店にズラリと行列ができる。そんなシーンが町のあちこちで見られるようになったのは、明らかに愛知万博からのことでした。

事実、主要な名古屋めし系外食企業、有力店に聞いても、「愛知万博を機に外からの観光のお客がぐっと増えた」と口を揃えます。

当時はスマホ普及前夜で、グルメ情報の分野においてまだ紙のガイドブックの影響力が大きかった時代。情報誌が紹介する有名店に観光客が集中したのも、そんな時代性があったのでしょう。

いずれにしても愛知万博効果によって（当時）過去最大の観光客が名古屋に訪れた2005（平成17）年は、全国の人が名古屋めしを大いに体験し、有名店に行列ができるという状態が当たり前になった、名古屋と名古屋めしにとってエポックな年となったのです。

出版界も「名古屋めし」に注目

「名古屋めし」という言葉自体、東京の情報誌が最初に使った、と第1章で紹介しました。筆者が確認した最も古い記述は『POPEYE』2001（平成13）年12月号（マガジンハウス）。「舌呑」（ゼットン）東京1号店の紹介記事に「流行の予感の名古屋メシ」「来年は名古屋メシが流行る！」のフレーズが躍っています。

マニアックなところでは『カラオケビジネス』連載、外食ウォッチャー・海原一氏の「飲食業の最新事情」。2005（平成17）年4月30日号で「個性的な食文化『名古屋』をアピールする企業」と題して2ページにわたって名古屋の特徴的な料理や外食企業について寄稿しています。

中部国際空港や愛知万博で注目の的となっている名古屋において「食文化の話題も、元気なナゴヤを報道する上で欠かせないエッセンス」とし、味噌カツや味噌煮込みうどん、手羽先、ひつまぶし、どて、あんかけスパゲッティ、天むす、小倉トーストなどを挙げています。

2004（平成16）年1月にはぴあ中部支局がムック本『怒涛のナゴヤご当地グルメ2004』を発行。これが、名古屋めしをテーマにすえた最初のガイドブックといえるでしょう。

『怒涛のナゴヤご当地グルメ2004』（右/ぴあ、2004年）、『なごやめし』（左/双葉文庫、2005年）

2005（平成17）年3月には双葉社が双葉文庫『なごやめし』（なごやめし研究会編）を出版。盛りだくさんのモーニングサービス特集が巻頭企画で、全体的にインパクト重視のセレクトになってはいますが、全国版の名古屋めしガイドブックとしてはこれがおそらく初でした。

名古屋で制作されているぴあムック本のタイトルが「ナゴヤご当地グルメ」なのに対して、東京発の双葉文庫はズバリ「なごやめし」。

「名古屋めし」という言葉が東京から広まり、地元よりも先に認知されていたことが、両者のネーミングにも反映されていたといえるでしょう。

ネットの普及でマイナーカルチャーが市民権を獲得

かつて笑いのネタにされることが多かった名古屋の食が、ゼロ年代に入って肯定的に取り上げられるように。この変化の背景には、社会全体の地域文化に対するパラダイムシフトがありました。

1990年代までの日本のカルチャーは完全な東京一極集中。すべての情報は東京から発信され、東京的であることがイケている、カッコいい、という絶対的な基準となっていました。名古屋の飲食業界でも、特にトレンドが反映されるナイトシーンは東京のコンサルティング企業の影響が強く、東京で流行っているスタイルを持ち込んだ店が多かったといわれます。「東京とは違う」「東京にはない」はすなわち「ダサい」「田舎臭い」と見なされがちだったのです。

しかし、21世紀に入ると世界的に情報革命が起きます。いうまでもなくインターネットの普及です。これによって誰でも自由に情報を発信できるようになり、すなわち地方からでも積極的に情報を発信できるようになって、それまで当たり前だった東京一極集中が崩れます。マイナーだったりニッチだったりするカルチャーが情報交換や協同しやすくなったことで発言力が増し、市民権を得るようになったのがゼロ年代に入っての大きな変化でした。オタクとして日陰者扱いされがちだった様々な分野のマニアが、ネットを舞台に積極的に発言できるようになったのもこの時代からではなかったでしょうか。

これによって、それまでは東京とは違うから「変」で「ダサい」と嘲笑されがちだったローカルの文化も、「個性的」で「面白い」と見方が変化していきました。

B級ご当地グルメブームで地方の食に光が！

ほぼ時を同じくして、食の世界ではご当地グルメのブームが起こります。

「ご当地グルメで町おこし」をテーマとするB－1グランプリの第1回は2006（平成18）年。参加10団体・来場者1万7000人のローカルイベントはみるみるうちにスケールアップし、2012（平成24）年の第7回大会では参加63団体・来場者61万人にまで規模が膨れ上がりました。

第1、2回と連覇を果たし殿堂入りした富士宮やきそば（静岡県富士宮市）は、これをきっかけに静岡を代表するご当地グルメとして定着。今では静岡県内の高速道路SA・PAでも当たり前のように販売されています。他にも知名度が大きく高まったご当地グルメは数多く、それらを食べにわざわざ足を運んだり、並んででも食べたい、という強力な誘客力をもつようになりました。

それまで地元の人はごく当たり前だと思っていて、その他の地域の人は見向きもしていなかった地域限定のローカルフードが、観光資源にまで存在価値を高めることになったのです。

しかし、いわゆる名古屋めしがB－1グランプリにエントリーしたことはありません。B－1グランプリの主眼がご当地グルメの販促ではなくあくまで町おこしの活動であることを思えば、大都市である名古屋がここに出場する必要がなかったのは当然ともいえます。

それだけでなく、町のポジションと同様に、名古屋めしもまたB－1グランプリという器にはおさまらないものでした。B－1グランプリは他地域ではほとんど知られていない局所的な郷土料理がエントリーする、いわばご当地グルメのルーキーリーグ（発祥時期ではなく、全国的な知名度という点で）。対して代表的な名古屋めしは既にそれなりに知られた存在で、今さらイベントに出展して知名度を高める必要がなかったのです。また、B－1グランプリでは、エントリーするために新しく創作された料理もありました。これも、長く地域に根付いているご当地グルメが群雄割拠する名古屋とは合致しない理由でもありました。

B－1グランプリ以外でも、全国各地でご当地グルメで地域を活性化させようという動きは盛んになります。提供店を食べ歩くスタンプラリー形式のイベントも各地で繰り広げられました。こうしたブームの中で、創作ご当地グルメもまた増えていきました。主に観光協会や商工会議所などの準公共の団体が旗振り役となって、地域の食材を使用するなどのルールを定めた上でメニューを創作・提供する店を募り、新名物として売り出そうとするものです。名古屋周辺では、豊橋カレーうどん（愛知県豊橋市）、渥美どんぶり街道（愛知県田原市）、郡上奥美濃カレー（岐阜県郡上市）などがこれにあたります。

このように全国でご当地グルメを売り出そうとする動きが積極的に興ることで、名古屋めしへの関心も高まっていきます。新たに創作されたものも目立った各地のグルメに対して、名古屋めしは基本的に既に浸透しているものばかり。注目度が高まる中で、本当に地元の人に愛されている、食されているものの価値が見直され、それにともない地元の人が実際に食べていることによって地域に定着してきた名古屋めしは〝真のご当地グルメ〟として価値が高まっていったのです。

屋台形式のご当地グルメイベント「NAGO-1グランプリ」は名古屋の中心部・栄にある矢場公園を会場に開催された。2011（平成23）~2018（平成30）年

名古屋でも２０１１（平成23）～２０１７（平成29）年まで「なごやめし博覧会」が開催。これはクーポンを購入して１カ月余りの期間中に市内の飲食店を食べ歩く回遊型イベントで、毎年３００店舗前後が参加しました。主催は名古屋市や名古屋観光コンベンションビューローなど。「なごやめし」という言葉が公的なワードとして使われるよう

になり、完全に市民権を得たことを証明する催しだったといえるでしょう。

同博覧会では「新なごやめし総選挙」も併せて開催。新たな名古屋めしを開発・普及させることを目的としたメニューコンテストです。エントリーしたのは新興の飲食店が中心で、この企画のために新たに開発した商品が中心でした。この中で新・名古屋めしとしてその後実際に広まったのは第3回（2013年）準グランプリの元祖台湾まぜそばくらいです。

この他、「NAGO－1グランプリ」という屋台形式のグルメイベントも名古屋市中区の矢場公園を会場に2011（平成23）～2018（平成30）年まで開催され、やはりグランプリを決めるコンテストが行われましたが、ここからもやはり名古屋めしとして一般に認知されるほどの料理は出ていません。こうした地元のグルメイベントでも、新参のメニューが既存の名古屋めしの牙城に割って入るのは容易ではないことが証明される格好となりました。

「名古屋めし」は「名古屋城」と並ぶ名古屋の二大観光コンテンツ

名古屋めしに対する注目度・期待値の高まりが数字ではっきりと表れているのが、名古屋市観

「名古屋の主要観光資源について」トップ5（認知度順）

（単位：%）

順位	観光資源	認知度	体験	訪問意向
1位	名古屋城	87.0	50.6	42.9
2位	**なごやめし**	50.1	35.6	43.0
3位	熱田神宮	47.5	27.9	27.7
4位	東山動植物園	38.7	18.5	21.7
5位	栄（名古屋テレビ塔など）	38.4	35.0	17.6

〔【名古屋市観光客・宿泊客動向調査】（2020年）名古屋市文化交流局調べ〕

光文化交流局が毎年集計・発表している「名古屋市観光客・宿泊客動向調査」です。

この調査は愛知万博の翌年の2006（平成18）年度から、名古屋市以外の人たちを対象にして行われているもの。名古屋市が観光に本腰を入れ始めた証ともいえるものです。

2006年度の調査の「名古屋の特色の知名度」の項目で、最も知られている名古屋の特色が「独自の食文化がある」で、84・3％とダントツのトップ。2位の「家康、秀吉、信長ゆかりの史跡や遺産」70・2％を10ポイント以上も引き離しています。性別・年代別・地域別でもまんべんなく70％以上と高い指標を示し、この当時既に全国津々浦々・老若男女に

〝名古屋といえば独特の食！〟というイメージが行きわたっていたことが示されています。

「訪れたい名古屋の観光の魅力」の項目でも、「なごやめし」が59・3％とトップで、2位「名古屋城」50・3％をしのぐ支持を得ています。

その後、毎年実施されているこの調査において、「なごやめし」は「訪問意向」（＝名古屋で行きたいところ・体験したいこと）で2017（平成29）年まで12年連続トップ。

2018（平成30）年に完成した名古屋城本丸御殿の人気で「名古屋城」にその座をゆずりますが、以降も他のスポットを上回り、「名古屋城」「なごやめし」のワンツー体制はゆるぎないものとなっています。

これはあらためて考えるとすごいことです。

金の鯱を天守に冠する名古屋城は、徳川家康が築いた天下の巨城にして〝史跡の中の国宝〟ともいうべき特別史跡。堂々たる歴史的価値をもつ、押しも押されもせぬ名古屋のシンボルです。この名古屋城と並び立つほど、名古屋めしは観光客からの期待が高いのです。

愛知万博以降、観光に力を入れるようになった名古屋が、名古屋めしを観光の重要コンテンツにすえて積極的にPRに取り組んでいるのは、このような外からの確かなニーズを反映した正攻法の戦略ともいえるわけです。

ローカル人気店から年商ン十億企業へ急成長した「矢場とん」「世界の山ちゃん」

「矢場とん」矢場町本店。愛知万博開催年の2005(平成17)年に建て替えしたのを機に爆発的に人気が伸長。行列が常態化する大繁盛店となった

2000年代に入って、名古屋めしの有名・人気店も大きく業績を伸ばします。

町のとんかつ店から名古屋を代表する外食企業へと成長を果たしたのが味噌カツの「矢場とん」です。「エスカ地下街に2号店を出したのが2001（平成13）年。2002（平成14）年にアウトレットモールのジャズドリーム長島（三重県桑名市）、2004（平成16）年に東京に出店。2005（平成17）年に矢場町本店を建て直し、これが爆発的にヒットしました。

その後も毎年のように新店舗を出店し、現在は29店舗（2022年5月現在）。年商は3店舗体制当時の10億円からコロナ禍前の2018（平成30）年には40億円まで伸び、年間200万人以上のお客様にご来店いただくようになりまし

た」（「矢場とん」広報・鬼頭明嗣さん）

　この人気を象徴するのがインターネットガイドサイト『AllAbout《オールアバウト》』の「『名古屋』と聞いてイメージする名所ランキング」（2021年12月）。名古屋城、熱田神宮、東山動植物園、名古屋港水族館といった史跡、大型観光施設に次いで、何と5位に「名古屋名物みそかつ矢場とん」がランクインしているのです。6位に続くのは「矢場とん」のおひざ元である「大須商店街」。大須商店街は約1200店舗がひしめき合い、コロナ禍前は平日3万人・休日7万人が訪れていた名古屋を代表する人気エリアです。

「矢場とん」はこの大須商店街のにぎわいの恩恵にあずかる、というよりもむしろエリア全体に人を呼び寄せる集客のマグネットの役を担ってきたともいえるのです。

　手羽先の「世界の山ちゃん」（経営／エスワイフード）も、名古屋めしブームを追い風に地元の人気居酒屋から全国チェーンへと大きく飛躍しました。90年代後半以降の店舗数・年商の推移は次の通りです。

○1998（平成10）年……9店舗・年商5億円
○2003（平成15）年……27店舗・年商27億円（関東進出）
○2005（平成17）年……47店舗・年商54億円（愛知万博）

「名古屋」と聞いてイメージする名所ランキング

1位	名古屋城
2位	熱田神宮
3位	東山動物園
4位	名古屋港水族館
5位	名古屋名物 みそかつ 矢場とん
6位	大須商店街
7位	レゴランド・ジャパン
8位	オアシス21
8位	名古屋市科学館
10位	リニア・鉄道館
11位	バンテリンドーム ナゴヤ
12位	トヨタ産業技術記念館
12位	味仙
14位	徳川美術館
14位	大須観音（寶生院）
16位	鶴舞公園
17位	金シャチ横丁
17位	ノリタケの森
19位	あつた蓬莱軒
20位	徳川園
21位	中部電力MIRAI TOWER
21位	名城公園
23位	名古屋市美術館
24位	名古屋市博物館
25位	名古屋港ガーデンふ頭
25位	愛知県美術館
25位	Hisaya Odori-Park
28位	白鳥庭園
29位	東谷山フルーツパーク
30位	とだがわこどもランド
31位	ヤマザキマザック美術館

「大須商店街」や「レゴランド・ジャパン」を押さえて5位に「矢場とん」がランクイン。「味仙」（台湾ラーメン）「あつた蓬莱軒」（ひつまぶし）もランクインし、“名古屋めし強し！”を印象づけるランキングになっている

〔インターネットガイドサイト『All About』調べ　2021年12月〕

○2006（平成18）年……50店舗・70億円（全国展開）
○2019（令和元）年……91店舗・81億円

とりわけ愛知万博の翌年は3店舗増で年商16億円アップと、1店舗あたりの売上が大きく伸びていることが分かります。どの店舗でも満席が状態化し、なおかつ「幻の手羽先」だけでなく、みそ串カツ、鉄板ナポリタン、あんかけスパゲティ、海老天むすなどを取り揃えた〝名古屋めしのデパート〟的ラインナップが観光客の取り込みにも奏功しました。

ナンバーワンブランドは立ち位置や客層、客単価に変化が

単に売上が伸びただけでなく、店のポジションが変わったというのは味噌煮込みうどんの「山本屋本店」です。

「〝町のうどん屋〟から〝名古屋名物を食べられる専門店〟に。業態を変えたわけではないのに、付加価値の高い店へとお客様の見る目が変わりました」と同社営業企画部の永田剛典さん。

「1990年代半ばから売上はずっと上がり続けていました。この間、変わったのは客単価です。それ以前は卵入り、またはかしわ（鶏肉）入りのご注文が大半だったのですが、この頃から牡蠣や名古屋コーチンをトッピングしてプチごちそうとして召し上がるお客様が増えました。特に愛知万博以降は観光客が増えて、それにともなって名古屋コーチンがよく出るようになりました。味噌煮込みうどんと名古屋コーチン、一品で名古屋名物を二種類食べられるのが喜ばれているようです。名古屋コーチン入り味噌煮込みうどんは万博当時で1700円、現在は1970円。うどんのメニュー単価としては高額で、これに引っ張られるように全体の客単価も1500円台をキープしています」（同）

「山本屋総本家」は年間の繁忙期に変化が現れたといいます。

「食べているだけで汗が出る味噌煮込みは、かつて夏は売れなかったんです。エアコンの普及で徐々にそれが解消され、さらにタワーズ店のオープン（1999年）で帰省のお客様が利用しやすくなり、さらに万博で観光のお客様が増え、12、1月に次いで真夏の8月が年間で3番目に売上の高い月になりました」（「山本屋総本家」代表・小松原克典さん）

ひつまぶしの「あつた蓬莱軒」も愛知万博以降、客層が大きく変化したといいます。

「うちはうなぎ専門店ではなく料亭ですので、もともとはご接待の方やご家族の会食など団体様やグループでのご利用が中心でした。それが、愛知万博の頃から個人の観光客の方が目に見えて増えました。2010年代半ば頃からは外国人の方も増え、コロナ禍の前は、夜は2割ほどが外国人観光客の方でした」と女将の鈴木詔子さん。

同店は市内に3店舗。コロナ禍以前には、休日ともなると各店とも1日およそ1000人ものお客を集める行列店となりました。

あんかけスパゲッティの元祖である「スパゲッティハウスヨコイ」も、万博のインパクトを如実に体感したといいます。

「万博をきっかけに他県からのお客様が増え、週末は観光客が目立つようになった。うちはスパゲッティが目玉でありながらもともと背広姿のビジネスマンがお客様の中心なのですが、この頃から若者や女性のお客様が増えました。店の客数も物販の売上も伸び、明らかにフェーズが変わりました」（3代目にあたる横井慎也さん）

「あつた蓬莱軒」は熱田神宮近くに2店舗と繁華街・栄の松坂屋店の合わせて3店舗。ひつまぶし人気で、整理券を配布する開店時にはズラリと行列ができる

店舗の売上以外にも好影響があったというのは手羽先の元祖で約60店舗を展開する「風来坊」です。

「コロナ禍前までは、既存店ベースの売上はずっと伸び続けていて、特に観光客が利用しやすい名古屋駅周辺の大型店は好調でした。万博以降の傾向としては持ち帰り需要が大きく伸びた。各店舗でも持ち帰りの注文が売上を押し上げ、また名古屋駅の持ち帰り専門店にも絶えず行列ができるようになりました」(「風来坊」チェーン本部取締役・磯部弘幸さん)

2008(平成20)年に考案され、新・名古屋めしとして一気に市民権を得たのが台湾まぜそば。この新・名古屋めしの大躍進も、名古屋めしブームに乗ってのことでした。

台湾まぜそばの元祖「麵屋はなび」。名古屋市中川区にある本店は中心部から離れた立地ながら常に行列ができるほどの大人気店に

元祖の「麵屋はなび」(名古屋市中川区)は中心部から外れた場所にオープンした20席あまりの小さなラーメン店だったのですが、台湾まぜそばの大ブレイクで急成長。直営、FC合わせて国内に55店舗を展開し、韓国、マレーシア、アメリカなど海外進出も果たします。台湾まぜそばの人気は元祖の系列店以外にも広まり、提供店は今や全国に1000店舗にも上るといわれます。

台湾まぜそばの大ヒットは、名古屋めしのカテゴリーを広げる役割も果たしています。台湾ミンチ(豚肉をトウガラシやニンニクで炒め煮したもの）をトッピングした〝台湾系・新名古屋めし〟ともいうべき料理が様々なジャンルで次々に登場しているのです。台湾○○とネーミングされた創作メニューはうどん、きしめん、もつ鍋、串焼き、ピザ、サンドイッチなどまさに百花繚乱となっています。

「名古屋めし」独特の味わいを好意的に受け止める観光客

名古屋めし初体験の観光客が数多く来店し、名古屋以外への出店も多いこれら代表的ブランドでは、「名古屋めし」というキーワードが非常に有利に働いていると口を揃えます。

そして、認知度の高まりによって、独特の味わいに対する好意的な受け止め方が広まっているともいいます。

「『名古屋めし』というキーワードのおかげで商品を個性的な味の料理として説明しやすい。〝味が濃い〟といわれることもしばしばありますが、〝名古屋でははっきりした味が好まれるのです〟と説明すると納得してくれ、名古屋ならではの濃い味を楽しんでいただけています。また名古屋以外のエリアの店舗では、名古屋での勤務経験のあるお客様も多く、手羽先の上手な食べ方を得意

そうに仲間うちで説明している場面もしばしば見られます」(「世界の山ちゃん」エスワイフード担当者)

「『名古屋めし』という言葉のおかげで、名古屋にしかないおいしい食べ物がたくさんある、というイメージを全国の人が抱いてくれた。近年は他県の店舗でもお客様の大半は〝名古屋名物のみそかつ〟と認知した上で利用してくれていて、『名古屋めし』のフレーズが非常に有効に働いていると感じます。また、うちのみそかつはカツを覆うほど味噌ダレをかけるのが特徴で、〝味噌はちょっとだけでいいです〟というお客様にも〝たっぷりかかっていてこそおいしいんです!〟と本来の食べ方をお勧めするようにしています」(「矢場とん」社長・鈴木拓将さん)

「あつた蓬莱軒」はもともと地元では有名店でしたが、広く知名度が高まったのはやはり「名古屋めし」というキーワードの効果が小さくないといいます。

「『名古屋めし』の中にひつまぶしも入っていますから、それでうちのことを知って来て下さる方が多いのでしょう」(女将・鈴木詔子さん)

この効果は新興店にも同様に表れています。

「『名古屋めし』のフレーズのおかげもあって、インパクトがある食のジャンルとして全国的に認知され、他の名古屋めしとあわせてメディアに取り上げられる機会も広がりました」(台湾まぜそば「麺屋はなび」・新山さん)

この時期、「名古屋めし」という言葉の生みの親である外食グループ「ＺＥＴＴＯＮ」創業者・稲本健一さんは、名古屋のみならず東京にも活躍の場を広げ、次々にヒット店を手がけていきます。稲本さんがメディアをにぎわし、外食業界のスター経営者になっていったのも、名古屋の食、そして名古屋めしのイメージアップに少なからず貢献したことは間違いありません。

〝名古屋めしのデパート〟で観光客の受け皿に

名古屋めしは先に取り上げた「矢場とん」＝味噌カツ、「あつた蓬莱軒」＝ひつまぶし、「山本屋本店」「山本屋総本家」＝味噌煮込みうどん、「スパゲッティハウスヨコイ」＝あんかけスパゲッティなど、専門店がトップブランドとして君臨しているものが多いのですが（「あつた蓬莱軒」は料亭ですが、名古屋めし目当ての観光客にとっては実質的にうなぎ専門店）、多彩なメニューを網羅した「名古屋めしのデパート」ともいうべき店も登場しました。「世界の山ちゃん」もこのメニュー構成で成功した事例のひとつです。

名古屋を中心に居酒屋など約20店舗を展開するかぶらやグループの「名古屋大酒場　だるま」も代表例のひとつに挙げられます。２０１９（平成31）年4月にはリニューアルに合わせて名古屋めし系メニューをより強化し、この当時、昨年対比で何と１４０％、３０００万円超の売上をたたき出す大繁盛店となりました。

「当社の店舗はもともと地元のお客様中心だったのですが、２０１０年頃から『名古屋めし』をのれんなどで打ち出すようにしたところ、観光客が気軽に立ち寄ってくれるようになりました」と社長の岡田憲征さん。コロナ禍以前は特にインバウンドを中心に名古屋を訪れる観光客が増え、それが客数の増加に直結していました。

「名古屋に来る外国人観光客にとっては、名古屋めしを食べることがひとつのイベント。京都で金閣寺へ行くのと同じようなコンテンツになっています。名古屋は大都市の割にシティホテルが少ないので、多くの観光客は食事がついていないビジネスホテルを利用することになる。そこで我々のような飲食店が受け皿になるのです。観光客はファミリーも多いので、『だるま』は居酒

かぶらやグループは名古屋市内を中心に居酒屋業態など20店舗を展開する。「名古屋大酒場　だるま」は2008（平成20）年に繁華街・栄のド真ん中にオープンし、2019（平成31）年4月にリニューアル。4フロア183席の大バコがびっしり満席になる

屋でありながら主食にもなる鉄板ナポリタン、ひつまぶし、きしめんなども用意している。土日は特にこれらのメニューのニーズが高くなります」（岡田さん）

多彩な名古屋めしメニューを扱うことで、観光客の期待にも応えられると岡田さんは言います。

「名古屋めしには各ジャンルに横綱級の名店がある。しかし、〝一度にいろんな名古屋めしを体験したい〟という旅行客や団体客も少なくない。このニーズに応えていけば、名古屋めしの楽しみ方をもっと広げていけると考えています」

名古屋めしストリート化の「エスカ地下街」売上20億円→45億円へ躍進

名古屋めしの人気とニーズの高まりを最も効果的に業績に反映させ、成功したのが名古屋駅地下街「エスカ」です。

エスカは1971（昭和46）年12月1日開業。JR名古屋駅の新幹線改札口に最も近く、県外からの旅行者・出張族にとって最も利用しやすい地下街です。駅の反対側（東口＝桜通口）が、いくつもの地下街が交錯しながら四方八方に延びる複雑な構造（迷駅＝名駅〈メイエキ〉と称され、名古屋駅の分かりにくい構造の象徴にも挙げられます）なのに対して、２本の通路が並行して通るシンプルな動線のため、初めての人でも利用しやすく、立地のよさが効果的に活かされています。

テナントは80店。うち飲食店は34店舗で、そのおよそ7割を名古屋めしが食べられる店が占めています。

「開業当初からの名古屋めしを出す店は『山本屋本店』（味噌煮込みうどん）、『吉田きしめん』『きしめん亭』『珍串』（串焼きの居酒屋で味噌串カツがある）、『青柳ういろう』くらいで、他の多くは２０００年代以降にオープンした店舗です」とエスカ理事・営業部担当部長の加藤茂勝さん。

ここでもやはり愛知万博が起爆剤になったといいます。

「２００５（平成17）年の愛知万博で全国から名古屋に人が集まるようになった。それにともない名古屋めしも認知度が広まっていったと感じます」（エスカ・加藤さん）

エスカではこの人気の高まりに応えて名古屋めしを強化する店舗誘致を図ります。

「名古屋めしには様々な種類があり、まずNo1ブランド、

エスカの2022年版ガイドブック。表紙に「名古屋メシ」の文字が躍る

知名度のある有名店に声をかけていきました。飲食店のテナントに空きが出るタイミングで誘致を進め、２０１０（平成22）年にはいわゆる名古屋めしと呼ばれる料理はひと通りそろいました。

最新のガイドブックでは表紙に『名古屋メシ』と謳っていますが、開業40周年（２０１１年）の際にも既に販促媒体など様々なところで『名古屋メシ』というワードを使っていたと記憶しています」（同）

エスカにおける主な名古屋めしブランドの出店は次の通り。

○２００１(平成13)年　矢場とん（味噌カツ）
○２００６(平成18)年　コメダ珈琲店
○２００８(平成20)年　備長ひつまぶし
○２０１０(平成22)年　風来坊（手羽先）
○２０１１(平成23)年　天むす千寿
　コメダ珈琲店　※拡張
　海老どて食堂（エビフライ）
○２０１４(平成26)年　鳥開総本家（名古屋コーチン）

これらの新規出店の店舗に加えて、既存店もきしめん、ひつまぶし、味噌カツなどの名古屋めしをお勧めメニューとして前面に打ち出すようになります。例えば、エスカ開業当時から続く「喫茶リッチ」では「万博の前後の頃から新たに鉄板ナポリタンをメニューに加えました。今ではフード類の中で一番人気です」（店主の三井克子さん）と言います。

こうしてエスカは名古屋市内で最も早く、最も充実した名古屋めし集積スポットに。特に旅行者にとっては、何か名古屋めしを食べたいと思ったらとりあえずここへ行けば、ひと通りの種類の中から選べる便利な場所になりました。

そして、その効果は絶大でした。

飲食テナント全体の年間売上は、１９９０年代が約20億円だったところ、２０１５（平成27）年には45億円に。

「売上が倍増した分の大半は名古屋めしの店の売上増です。２０００年以降、コロナ禍まではずっと右肩上がりで、飲食店の売上は2倍以上に伸びました」（エスカ・加藤さん）

地下街は店舗数に限りがあり、飲食・物販・サービスの構成も大きく変えることはできません。したがって、この時期に飲食店の店舗数や席数が大きく増えたわけではなく、にもかかわらず売上が2倍以上に伸びているのですから、いかに名古屋めし効果でにぎわいがアップしたかがうかがえます。

「矢場とん」「コメダ」の大ヒットがエスカ躍進の引き金

エスカの売上急増のきっかけは愛知万博。しかし、さらにさかのぼった2001（平成13）年の「矢場とん」の出店が、実は最も大きな引き金でした。

同店は「矢場とん」の2号店で、本店以外では初の姉妹店でした（1971〜1996年までの中日球場（後のナゴヤ球場）の串カツ売店があるが、イートイン式の飲食店の姉妹店としては初）。

「現・社長（創業者の孫の鈴木拓将さん）が1998（平成10）年までホテル勤務をしていて、お客様から『名古屋駅の近くで食べられないか』とよく問い合わせを受けていたのです。そこで、遠方から来てくれるたくさんの人に食べていただきやすいようにと、名古屋駅の地下街エスカに出店することを決断しました」（「矢場とん」広報・鬼頭明嗣さん）

「矢場とんエスカ店」は特に2年目以降、倍々ゲームというほど売上を急上昇させ、行列が常態化。万博でのブレイクに先駆け、「名古屋めしに観光客が長蛇の列をなす」ことを真っ先に可視化させることになりました。

もうひとつエスカのジャンピングボードになったのが2006（平成18）年の「コメダ珈琲店」の出店です。今や全国に920店舗以上を展開し、日本を代表する喫茶店チェーンとなっているコメダ。店舗数400店前後だった当時、新規出店は郊外の路面店が中心でしたが、有力フランチャイジーのトラフィコーポレーション（名古屋市）が初めて地下街への出店にチャレンジします。この頃はまだ地元以外の出店は限られていたことも逆に観光客の関心を引くのにつながり、行列が絶えない大ヒット店となります。

エスカは新幹線口から最も近い地下街。構造もシンプルなため観光客でも利用しやすい

「92席の店舗で、コロナ禍以前のピーク時は1時間で2回転半していました」と「コメダ珈琲店エスカ店」の田頭正毅さん。

常連中心の路面店とは違って観光客が多いため利用動向にも違いがあり、「シロノワール、みそカツパン、小倉トーストがよく出て、客単価が路面店より高い。特にシロノワールの注文数はずば抜けて多く、週末にはミニサイズが100個以上、ノーマルサイズと合わせて120～130個のご注文があります」（田頭さん）

この爆発的な繁盛は、コメダ自体の人気もさることながら、名古屋めしストリートであることの効果も大きいといいます。

「当店でモーニングを食べてから他の名古屋めしを食べに行く、周りのお店で名古屋めしを食べてから当店でコーヒーやデザートを召し上がるというご利用が非常に多い。エスカ内の飲食店同士の相乗効果は非常に大きい」(田頭さん)

「矢場とん」と「コメダ珈琲店」、2つのトップブランドのエスカ出店の成功は、エスカ全体のにぎわいをもけん引。また両ブランドにとっても、その後の多店舗化に弾みをつけるきっかけのひとつになりました。

名古屋を訪れる人がバラエティ豊かな名古屋めしを選んで気軽に食べられる。そしてその人気を目の当たりにする。エスカは名古屋めしブームに乗ったというよりもむしろ、名古屋めしブームの大きな推進力になったともいえるのです。

東海最大の和食チェーン「サガミ」も名古屋めしでV字回復

日本で最も食べられている味噌煮込みうどんはどの店のものでしょうか？

ほとんどの人は、先にも登場した「山本屋本店」と「山本屋総本家」、専門店として名古屋駅や繁華街の栄などに複数店舗を構える両「山本屋」を思い浮かべることでしょう。

しかし、実は答えは「サガミ」。東海地方最大級の和食チェーンで、その数実に年間146万食（2020年実績）。コロナ禍前の2017（平成29）年は174万食。レストラン部門で堂々トップなのです。

年間約150万食が食べられているサガミの味噌煮込みうどん

「サガミ」は和食業態を中心にグループ全体でおよそ250店舗を展開。主力業態「和食麺処サガミ」は和食・麺料理のファミレスともいうべきブランドで、東海、関西、関東、北陸に合わせて131店舗を展開します。うちおひざ元である愛知・岐阜・三重の東海3県での出店が81店舗を占めています（2022年5月現在）。

「サガミ」は2000年代に入ると外食不況の影響もあって業績低迷に陥ります。この窮地を救ったのが「名古屋めし」でした。2010（平成22）年頃を境にV字回復といわれるまでに業績を復調させ、この時のテコ入れ策のひとつが「名古屋めし推し」だったのです。

「もともともっている強みをお客様に向けてもっと訴求しようと取り組みました。そこで、あらためて打ち出したのが東海地区における『そばのリーディングカンパニー』であること、そしてもうひとつが『名古屋めし』でした」と同社経営企画部マーケティング室の阿曽俊介さん。

味噌煮込みうどんや味噌カツは1970（昭和45）年の創業当時からの定番商品でしたが、他の外食チェーンにはない商品として、メニュー構成の中心的存在に位置づけるように。特に味噌煮込みうどんは中部地区のメニューブックでは巻頭にすえて目玉としてアピール。アレンジメニューなどでラインナップも充実させ、その種類はセットなどを含めて20品近くにも上ります。

その結果、中部地区では冬場は客の3割近くが味噌煮込みうどんを注文し、味噌カツもまた年間20万食を販売する堂々たる主力メニューに。また、きしめんも2015（平成27）年頃にブラッシュアップを図ってPRに力を入れるようになり、販売数を伸ばしました。名古屋・愛知を中心とする東海地方ほどこの効果は大きく、地元での名古屋めしの需要を推進力として業績を上向きに転じさせることに成功したのです。

「サガミ」は車来店が中心の郊外路面店で、すなわち地元の人の普段使いのブランドです。そんな「サガミ」の名古屋めし強化によるV字回復は、名古屋めしが決して観光グルメではないことを証明しています。

地元企業が名古屋めしというキーワードで名古屋人の潜在的ニーズを喚起し、それによって名古屋人の間でも名古屋めしの需要は高まっていったのです。

ローカル喫茶から全国チェーンへ
コメダ大躍進の背景にも「名古屋めし」

コメダ珈琲店のモーニングサービスは今や全国でスタンダードに。同社の2000年代以降の躍進の背景にも「名古屋めし」人気の高まりがあった

コーヒー代だけでトーストやゆで玉子が無料でついてくるモーニングサービス。この名古屋ならではの喫茶店スタイルを全国に知らしめたのが「コメダ珈琲店」です。1968（昭和43）年に名古屋で創業し、店舗数は今や全国に920店舗以上（2022年2月末現在）。「スターバックス」や「ドトールコーヒー」など、喫茶チェーン大手はほとんどセルフサービス式なのに対し、フルサービス式（テーブルまでスタッフが注文を取りに来て商品を運んでくれる）の喫茶店チェーンとしては堂々全国一の店舗数を誇ります。

「全国に店舗を広げる中で、『名古屋』というキーワードがことあるごとに出てくることで、『コメダ珈琲店』『モーニング』などのフレーズとかけ算になり話題性が広がる。名古屋や名古屋めしの注目度の高まりが、当社にとって追い風になったのは間違いありません」と同社マーケティング本部（取材当時）・杉野正貴さん。

1990年代後半には既に200店舗以上を展開していたコメダですが、この当時はまだ名古屋周辺の出店がほとんどのローカルチェーンでした。

全国展開を本格化したのは2000年代に入ってから。2003（平成15）年に関東、2006（平成18）年に関西、2007（平成19）年に東京23区内と破竹の勢いで勢力を拡大。

2019（令和元）年の青森県進出で、ついに全国47都道府県制覇を果たしました。コメダの成長曲線と名古屋めしの人気上昇は奇しくも同調しています。

例えば、コメダは2015（平成27）年12月に「選べるモーニング」を導入。モーニングサービスのトーストと並ぶおまけとして、従来のゆで玉子に加え、おぐらあん、たまごペーストという選択肢を用意しました。

名古屋の喫茶グルメ・小倉トーストを好む名古屋人向けかと思いきや、意外にも「名古屋地区では従来通りゆで玉子を選ぶお客様が圧倒的に多く、逆に北海道や九州など名古屋から離れた地域ほどおぐらあん率が高くなるんです」（杉野さん）と言います。

「名古屋地区以外でもお客様のほとんどは〝コメダ＝名古屋の喫茶店〟と認識されていて、それがブランド価値のひとつになっています」とも杉野さんは言います。全国チェーンになるにしたがってローカル色を薄めるのではなく、むしろ名古屋色を強化しているのも興味深いところ。2019（令和元）年には名古屋めしのひとつであるあんかけスパゲッティも一部店舗で導入しました。

さらに姉妹ブランドの『甘味喫茶おかげ庵』では2019（令和元）年にきしめんをブラッシュアップして商品力を強化。今では同店の看板フードメニューのひとつであるレトロスパゲティー（これも名古屋めしのひとつ、鉄板スパゲティー）と並ぶ人気メニューになっています。

きしめんは名古屋地区よりも関東地区での人気が高く、お好みで選択できる「きしめん：うどん：そば」の比率は、名古屋地区が6：3：1のところ、関東地区では8：1：1になるそうです。

このような利用動向から、名古屋圏以外のコメダの利用客は、コメダのもつ名古屋的な要素への期待感が高いことがうかがえます。

名古屋の喫茶店ブランドであることがコメダや姉妹ブランド「おかげ庵」に興味をもつきっかけになり、さらにモーニングサービスや小倉トースト、きしめんといった名古屋流のサービスやメニューに対する期待感が来店動機になっているのです。

今では全国3位の店舗数を誇る喫茶店チェーンとなり、なおも店舗網を拡大しているコメダ。名古屋めしブームがコメダの急成長を後ろ支えし、コメダの躍進もまた名古屋めしの認知度・人気を高める、そんな相乗効果があったのです。

SNS効果で人気が飛躍する個人店も

このように、名古屋めしの代表的ブランドや、複数の店舗展開をする外食企業、商業施設などでは、愛知万博に端を発する名古屋めしブームに乗って大きく業績を伸ばしたところが少なくありませんでした。

では個人店はどうだったのでしょうか？

「万博の時のブームには乗り損ねました」と苦笑するのは味噌カツの人気店「とん八《ぱち》」（名古屋市中区）の店主・長谷川民夫さん。

「当時は旅行会社から、〝バスツアーのお客さんを連れていってもいいか？ ダメなら弁当を用意してもらえないか〟なんて依頼もありました。しかし、うちは20席足らずの小さな店ですから、とても対応できませんでした」

ブームの影響や期待値が大きすぎて、小規模の個人店は受け皿になれなかったというわけです。

とはいえ、同店は近年、土日ともなるとズラリと行列ができるほど。この人気の高まりはSNSの効果が大きいと言います。

「これほど行列ができるようになったのはコロナ禍の2～3年前からです。分かりにくい場所なのに、スマホで探して遠くからわざわざ来てくれる方も多いですね。コロナの時も大きな落ち込みはなく1割減程度で済みました。現在も多い時だと1日130〜140人ものお客さんが来てくれる。10回転近いですから、席数的にこれがもう限界ですね」

同店の味噌カツは、つややかな味噌ダレがカツを覆いつくすほどたっぷりかかって見た目のインパクトは抜群。他では味わえないおいしさはもちろんですが、名古屋めしらしい個性が、写真を撮って投稿したくなる要因になっているのでしょう。

1972（昭和47）年創業の老舗喫茶店「コーヒーハウスかこ花車本店」（名古屋市中村区）も、〝映える〟メニューがSNSで広まり、大きく飛躍した一軒です。

「2010年代初め頃に商品化した小倉トーストがきっかけ。自家製のあんことコンフィチュール（ジャム）をのせてあるのが〝きれいでおいしそう〟とSNSでたくさんの人が広めてくれた。20席もない小さな店ですが、土日には100〜120人くら

「コーヒーハウスかこ花車本店」のシャンティールージュスペシャル（小倉トースト）。2010（平成12）年頃からのメニューで老舗に大行列を呼び込んだ大ヒット作

いのお客さんがいらっしゃってくれます」（店主の土屋賞蔵さん）

うどん店はブームに浮かれず地元客を掘り起こし

大正末期創業のうどん店「みそ煮込みの角丸《かどまる》」（名古屋市東区）は、周りにオフィスが多く、お客ももともと周辺に勤務する会社員が大半でした。ところが、近年は客層が徐々に変わってきたと3代目・日比野宏紀さんは言います。

「1990年代半ばまでは、土曜日は〝遊んどってもしょうがないから開けとくか〟という感じで、実際にお客さんは平日の半分くらいでした。周りの会社に合わせて日曜は店も休みです。それが15年くらい前（愛知万博開催前後）から観光のお客さんが増えて、土曜日も忙しくなった。今では行列ができることも多く、平日より売上が大きい。万博で急に、というわけではなく、コロナの前までは毎年売上が1〜3％くらいの幅でじわじわ伸び続けていました」

うどん店では、もうひとつ追い風がありました。万博からの名古屋めしブームとちょうど時期が重なる第2次讃岐うどんブームです。

「うどん業界では、万博以上に讃岐うどんブームの効果が大きかった。この時、讃岐だけにとどまらず全国各地でご当地うどん再興の気運が高まった。麺類が脚光を浴びる中にきしめんや味噌煮込みうどんも含まれ、紹介される機会が増えたと感じます」

とは製粉メーカー、金トビ志賀（愛知県蒲郡市）社長の志賀重介さん。

これらのムーブメントの反響を認める一方で日比野さんはこうも続けます。

「個人のうどん屋に関していえば、ブームの恩恵は限定的。ガイドブックに取り上げられる店はその都度反響はあるのでしょうが、町の小さなうどん屋は取材に対応できず、断っているところも少なくない。業界全体を見ればむしろゆるやかに客数は減っていると思います。事実、2000年代以降もうどん屋の数は減り続けていますから」

「みそ煮込みの角丸」は平日は近隣会社員のランチ需要が中心だが、週末には観光客が多数訪れて行列ができる。写真は2021（令和3）年11月

観光客による客数増を期待できるのは、一等地にある店、また主に週末と限定的。ビジネス街にある店は日曜定休も多く、増加する観光客需要の受け皿になり切れません。オフィス街や住宅地にある地域密着型のうどん店や喫茶店の場合は、日常使いの地元の客の来店頻度を高めることの方が安定的な

経営にとっては重要です。

これに対応した動きも、名古屋のうどん店では近年活発になっています。「金トビ志賀」の志賀さんは、ブームに浮かれなかったうどん店の意識が次のステップへつながったと評価します。

「名古屋では讃岐うどんブームに対して、〝讃岐に全部お客を奪われるんじゃないか？〟と危機感を抱く店主さんたちが多かった。そこで、販促の企画などを積極的に打つようになって、それが店のモチベーションを高め、新しいお客さんの獲得という成果も出ています」

「みそ煮込みの角丸《かどまる》」の日比野さんは、まさにそれを主導しためん類食堂の組合のリーダー的存在。2010年代半ばからカレー煮込みうどんやころきしめんなど、新たな名物を食べ歩いてもらうスタンプラリー企画などを積極的に実施しました。これらの参加者は地元の消費者が中心で、つまり地元客の掘り起こしによって、イベント期間だけにとどまらない継続的な効果にもつながっています。

愛知万博の盛り上がりの後、個人店では主に店舗単位での取り組みが徐々に成果をもたらし、細く長い効果をもたらしている、そんなケースも少なくはありません。名古屋めしの人気はブームと呼ばれた時期の後も継続して高まり、コロナショック後もいち早く復調の兆しを見せています。ブームと呼ばれる時期は既に過ぎ、その人気は定着した上でさらに成熟期へと向かっているといえそうです。

コラム

パクリ？　いや本家直伝の豊橋版あんかけスパ

豊橋で50年以上愛される「スパゲッ亭チャオ」の意外な出自

「豊橋の人にとっては〝スパゲッティ＝チャオスパ〟なんです」

こう語るのは株式会社 大木家《おおぎや》の江﨑雅英さん。同社が運営する「スパゲッ亭チャオ」は豊橋市内に5店舗、神戸市に1店舗を展開するスパゲッティ専門店。1号店の本店は1965（昭和40）年オープンと半世紀以上の歴史があり、チャオスパは豊橋市民のソウルフードとして親しまれているといいます。

ちなみに豊橋市は名古屋から車や電車で約1時間。東三河地方の中心都市で、人口は愛知県5位の約37万人を数えます。

チャオスパは茶褐色のとろみのあるソースがたっぷりかかって、見た目は名古屋めしのあんかけスパゲッティそのもの。メニューブックにも「とろんとしたあんかけソースが特徴」とはっきり書かれています。

これはもしやパクリ…？　と思いきや、「名古屋のスパゲッティハウスヨコイさんに教えてもらってつくった味なんです」と江﨑さん。豊橋版あんかけスパゲッティは、何と元祖直伝だったのです。

大木家は1946（昭和21）年に料理旅館として創業し、その後パチンコ・スロットなどのアミューズメント事業を軸に成長。独立した飲食店を出店する際に着目したのが、当時、名古屋でもまだ開店3年目だったヨコイのスパゲッティでした。

「豊橋よりも都会で進んでいる名古屋の文化を地元へ、という意識だったのでしょう。翌年、三河で初めてオープンしたサウナも、名古屋のサウナを視察してつくったと聞いています」（江﨑さん）

元祖の系譜に属するチャオスパですが、独自のアイデアも。一番の個性は鉄板皿。

名古屋のあんかけスパゲッティの定番であるミラカンはメニューになく、一番人気はチキンカツとウインナーがのったバイキング。鉄板皿にすると60円追加料金がかかるが、鉄板6：皿4で鉄板をチョイスする人の方が多い

卵がしいてあり、これも名古屋の鉄板スパゲッティを参考にしたものだと考えられます。フライドポテトのトッピングもヨコイにはないものです。

そしてターゲット。「当初から女性を意識してメニューや店の雰囲気づくりを図ってきました。ソースは多店舗化の中で工場生産に切り替えた際、女性が食べやすいようややマイルドにアレンジしました」（江崎さん）と言い、事実お客の半数は女性客だそう。特典がつくカード会員に限れば女性の方が多いと言います。本家であるヨコイが、名古屋めしブーム以前は店内のほとんどを背広姿のサラリーマンが占めていたのとは大きく異なります。

メニューブックにも「とろんとしたあんかけソース」と記されている

実際に食べてみると、「マイルドにした」といいながらソースのコクはむしろ本家以上。一方で麺は脂っこさがなく、ここが女性に受けている一番の要因と感じます。確かにあんかけスパゲッティですが、チャオスパ独自のおいしさがあるのです。

大手の進出をはね飛ばし、ファンが神風を巻き起こす愛されっぷり

チャオスパが独占していた豊橋のあんかけスパゲッティ市場ですが、かつて黒船が来襲したことがありました。豊橋に本社がある外食大手の甲羅グループが、本家のヨコイと組んで、「スパゲッティハウスヨコイ」豊橋1号店を2015（平成27）年にオープンしたのです。ここで特徴的だったのがヨコイにはない鉄板皿の採用。当時の担当者は「豊橋にはチャオさんがあるので…」と「スパゲッ亭チャオ」を明らかに意識していました。

しかし、FCによる全国展開を狙った同店は、豊橋や名古屋などで数店舗出店したもののわずか2年ほどで事業から撤退。あんかけスパゲッティの名古屋以外での受け入れられにくさが頓挫の一番の理由といわれますが、チャオの牙城を崩せなかったことがむしろ最大の敗因だったのではないでしょうか。

そんな「スパゲッ亭チャオ」の地元での愛されぶりを象徴する出来事が2020（令和2）年初頭に起こりました。名古屋・中京テレビの人気番組『PS純金《ピーエスゴールド》』が、同店の熱心な常連を「豊橋のチャ王」と名づけて紹介したところ、「チャ王が食べて

いたメニューを食べたい！」「チャ王に会いたい!!」とお客が殺到して大ブレイク。チャ王は番組の名物キャラクターとなってその後もくり返し登場し、反響も継続されることになりました。その効果たるや「ちょっと数字はいえないくらい」とマネージャーが口を濁しながらもにやにやを抑えられないほど。豊橋っ子のチャオスパ愛の連鎖反応が、コロナショックを吹き飛ばすほどの特需を巻き起こしたのでした。

第4章
それでも「名古屋めし」は間違いだらけ

第1節

名古屋めしはB級で味が濃い？

ゼロ年代に入って一躍人気グルメとなり、地域の観光資源にもなった名古屋めしですが、依然として正しく理解されているとはいいがたい面も。

「味噌ばかりかける」「B級グルメばかり」「きしめんはうどんを平たくしただけ」などなど……。

ここでは、世にはびこる名古屋めしに対する根強い誤解を解いていきましょう。

名古屋めしはB級グルメばかり⁉

2005（平成17）年の愛知万博をきっかけに人気が高まり、コロナ禍以前には、人気店には行列ができることも珍しくなくなった名古屋めし。

しかし、まだまだ正しく理解されているとはいいがたい面も少なくありません。

「何でもかんでも味噌をかける」

「B級グルメばかり」

「きしめんはうどんを平たくしただけ」

「喫茶店のモーニングは名古屋人がケチだから始まった」

などなど……。

名古屋めしの魅力を多くの人に知ってもらうためには、まずこれらの誤解を解いていくことが不可欠です。

「名古屋めしはB級グルメばかりで、よそから来た人を連れていける店がない」

代表的な誤解のひとつにこんな風評があります。これは、特に地元の人からしばしば聞く言葉です。

確かに、名古屋めしには食堂や喫茶店、居酒屋などで気軽に食べられるものが少なくありません。味噌煮込みうどん、きしめん、味噌カツ、手羽先、あんかけスパゲッティ、台湾ラーメン……。いわゆるB級グルメにカテゴライズされるものが数々あります（ただ、名古屋に限らず、全国の大半の郷土料理は飾らない庶民的な料理だと思いますが）。

しかし、せっかく遠方からやってくる友人知人をごちそう感あるご当地の味でもてなしたい、という気持ちも分かります。「名古屋には名古屋めしという名物があるそうじゃないか」なんて期待を込めてリクエストされる機会もあるでしょう。

そんな時、おすすめなのがひつまぶし、そして名古屋コーチンです。

ひつまぶしが食べられるのはうなぎ専門店や料亭なので、おつまみ類も取りそろえ、高級感もある店が少なくありません。名古屋コーチンは元祖・銘柄鶏でブランド力は十分な上にしっかりした噛み応えの奥からコクが広がる味わいも贅沢。炊いてよし焼いてよし刺身でよし、卵もまたよし。鍋料理を中心に高級感漂う空間でこれを出す店は数多くあります。

八丁味噌仕立てのコーチン鍋ともなればゴージャス感もご当地感もあるWコンボです。大切な人をおもてなしする、取引先を満足させられる、堂々たるごちそうグルメがちゃんと名古屋めしの中にあるのです。

その他にも、手羽先でも名古屋コーチンを中心に扱う雰囲気のよい居酒屋はありますし、味噌おでんだって料亭のようなスタイルで出す専門店もあります。また、味噌カツの有名店「矢場とん」は、本店の裏に「レストランわらじや」というアッパーな業態をもっていて、〆に味噌カツが出てくるコースもあり。

また味噌煮込みうどんの「山本屋総本家」は店舗によっては意外とおつまみメニューも取り揃えていたり、「山本屋本店」では〆に味噌煮込みうどんを自分で調理して食べられる鍋のコースもあったりします。こうした有名店の知る人ぞ知る高級感ある使い方は、名古屋めし上級者にこそ意外性があって喜ばれること間違いありません。

また、主要な名古屋めしをB級ととらえるか否かも味わい方次第。中でもB級の極みとも見られがちなあんかけスパゲッティについて、外食企業幹部にしてフードライターとしても活躍する稲田俊輔氏はこんな風に評価しています。

「あんかけスパのソースは、古い西洋料理の技術を受け継いだものなのだ。香味野菜、トマト、牛肉などの旨味を長時間かけてじっくり抽出したものがその味の正体。いわば老舗洋食店秘伝のデミグラスソースにも比肩しうるもの」(『飲食店の本当にスゴい人々』扶桑社)

食べる人が食べれば、B級と思われている名古屋めしにもこんな深遠なる魅力を感じ取ることができるのです。

名古屋めしはどれもこれも味が濃い⁉

「名古屋めしはどれもこれも味が濃い！」

これもよくいわれるフレーズです。実際にインパクトが強く後を引く味つけの料理が多いため、こうした印象を受けるのも無理のないところ。〝濃い〟という表現も決して的外れとはいえません。

ただし、味が濃いという表現は、地域によっては今ひとつピンと来ないこともあるようで、関東出身の知人から「味が濃い、ってどういうこと？　醬油辛いってことですか？」と首をひねられたことがあります。

かようにざっくりと〝味が濃い〟と評される名古屋めしですが、これをより正しく表現すると、濃いは濃いでも「うま味が濃い」ということになります。

「うま味」もまた何となくぼんやりとした味のイメージのように思われがちですが、実はれっきとした味の種類のひとつです。味の基本味である「甘味・酸味・苦味・塩味」、これに続く第5の味覚が「うま味」なのです（ちなみに「辛味」は刺激であって味の種類には含まれません。※うま味については第7章で詳しく説明します）。

では、なぜ名古屋めしは味が濃いのか？　その根幹には豆味噌があります。豆味噌については続く第2節で詳しく解説しますが、豆味噌は愛知・岐阜・三重の東海3県に生産も消費もほぼ限られ、他の地域で食べられている米味噌、麦味噌と比べておよそ2倍ものうま味成分を含んでいるのが最大の特徴です。

さらには、やはり東海地方で愛用されるたまり醤油。これはもともと豆味噌の上澄みから生まれたもののため、他の醤油よりもうま味成分が多いのが特徴です。

つまり名古屋をはじめとする東海地方では、全国のどの地域と比べてもとびきりうま味が強い味噌と醤油が使われてきたのです。

味噌と醤油は和食の味つけの基本となるものです。このふたつの使い方で地域の味の輪郭が概ね決まるといっても過言ではないでしょう。そのどちらもが際立ってうま味が濃いのですから、名古屋の味つけは総じてうま味が濃くなり、そしてまた人々の好みもまたうま味が濃いものこそがおいしい、という「うま味嗜好」となります。

特に昭和世代であれば、朝は味噌汁を飲んで育ったという人も多いでしょう。毎朝毎朝、豆味噌によるうま味が濃い味噌汁を飲んでいれば、必然的にうま味嗜好が育まれます。現在では朝はごはんよりもパン、という家庭の方が多いとされますが（米穀機構の2012年の調査でパン5：ごはん4）、それでも親や、普段使いの飲食店の料理人がうま味嗜好なのですから、若い世代でもやっぱりうま味重視の食文化にどっぷりハマって成長していくこととなります。

名古屋人のうま味嗜好は、和食だけでなく洋食の分野でもいかんなく発揮されています。それを象徴するのが名古屋に本社を置く「コーミ」の「こいくちソース」です。ソースは日本農林規格（JAS）ではウスターソース、中濃ソース、濃厚ソースの3規格が定められ、粘度や無塩可溶性固形分（うま味・甘みの指標）によってそれぞれ標準・特級の等級に分けられます。この規格が定められた1974（昭和49）年、コーミは自社の製品が他社よりもうま味成分が多いことから、特級の上を示す「こいくち」を商品名としました。

ソースのシェアは全国ではブルドックソース、オタフクソース、カゴメがトップ3で、東日本はブルドックソースが一強、西日本はオタフクソースをカゴメが追う格好になっています。ところが、東海地方だけは勢力分布がまったく異なります。コーミが先の3強を抑えて、30％強のシェアナンバー1を誇っているのです。

しかもコーミの全国シェアはわずか2％程度（2017年、「流通ニュース」参照）。他地域ではほとんど食べられていない豆味噌が東海地方でのみ圧倒的存在感を示しているのと同様、名古屋および周辺エリアではソースの好みもまたオンリーワンの地域性＝うま味嗜好が際立っているのです。

名古屋めしはこのような強固な地域性にともなううま味嗜好に合わせて生まれ、好まれ、浸透していったものがほとんどです。

味噌を使わない料理でも、やはりうま味嗜好にのっとったものは枚挙にいとまがありません。きしめんはつゆにたまり醤油を使うのが基本ですし、麺も熟成させることでうま味を引き出しています。ひつまぶしはたまり醤油ベースのタレが使われます。

台湾ラーメンもミンチをじっくり炒め煮することで辛さの奥にうま味があり、あんかけスパゲッティのソースもやはり時間をかけて具材のうま味を凝縮したものです。第一印象では辛みが際立つものでも、その奥にうま味があり、だからこそクセになるというわけです。

したがって「名古屋めしは味が濃い」は、「名古屋めしはうま味が濃い」というのがより正しいといえるのです。

第2節　間違いだらけの名古屋の味噌グルメ

名古屋めしといえば味噌！

そんなイメージが強く、それはそれで間違いではないのですが、決してそればかりではありません。そして名古屋の味噌についても正しく理解している人は多くはありません。

ここでは味噌系名古屋めし、名古屋の味噌についての間違いを正していきます。

名古屋めしは何でもかんでも味噌をかける!?

名古屋めしに関する誤解でしばしばいわれるのがこんな言葉。

「何でもかんでも味噌をかける」

確かに名古屋人は味噌が好きです。味噌カツ、味噌煮込みうどん、味噌おでん、どて煮など、味噌をふんだんに使った名古屋めしは少なくありません。「名古屋めしはみんな茶色い」なんていわれるのも、これら味噌系グルメの印象が強いからでしょう。

鍋も味噌仕立てが好まれますし、エビフライにも味噌をかけたり、ピザにもからあげにも味噌をトッピングしたり、洋菓子でも八丁味噌風味なんてものがあったり……。

あれ？ やっぱり何でもかんでも味噌をかけている……？

筆者も以前読者から「味噌がかかっていないものも名古屋めしに入るのでしょうか？」なんて問い合わせを受けたことがありますが、いやいや、味噌が名古屋めしの必須条件なんてことはありません。

味噌を使っていない名古屋めしももちろんあります。そして、味噌好きなのも、味噌を使った料理が多いのも、ちゃんと深い理由があるのです。

ここではそれを解説しながら、冒頭の誤解をやんわりと解いていきたいと思います。

名古屋人は日本中の人と違う味噌を食べている！

さて、そもそも名古屋めしに個性的な味噌系グルメが多いのはなぜなのか？

これは名古屋および東海地方だけが、日本中の他の地域とは異なる味噌を食しているからです。そして、この味噌が他の味噌にはない特徴をもっているからです。

名古屋で主に食べられているのは「豆味噌」という種類の味噌です。豆味噌は生産も消費も愛知・岐阜・三重の東海3県にほぼ限られます。広く全国で親しまれているのは米味噌で、九州など西日本の一部では麦味噌が使われます。

豆味噌は愛知・岐阜・三重の東海3県に、生産も消費もほぼ限られる地域限定の調味料。濃い赤褐色で独特の味わいがあるのが特徴

この3種のうちの複数をミックスしたのが合わせ味噌。これらの市販品のシェアは概ね米味噌80%：合わせ味噌10%：麦味噌5%：豆味噌5%。名古屋人は全国的にもきわめて特殊な味噌を食している少数派民族なのです。

豆味噌は大豆と塩のみを原料とします。対して米味噌は米麹、麦味噌は麦麹を加えて、発酵を促進させてつくる味噌です。米味噌の醸造期間は短いものなら1週間程度、麦味噌は1カ月程度、長くてもそれぞれ1年以内で済むのに対して、豆味噌は半年から2年以上もの醸造期間を要します。

この長期熟成の製法が、豆味噌に他の味噌とは異なる際立った個性をもたらします。うま味が重厚で、ほのかな渋味や苦味があり、香りも熟成感があって芳醇。こうした個性あふれる味わいの元となっているのが〝うま味の濃さ〟です。うま味成分のもととなるたんぱく質、そしてうま味成分であるグルタミン酸の含有量が、他の味噌と比べて実におよそ2倍もあるのです。

うま味が強い食べ物は、くり返し摂取しているうちにクセになるという習慣性の強さももっています。最初は苦手意識を抱いても何度か食べるうちにまた食べたくなっている。他の味では物足りなく感じてしまう。そんな、気づいたらハマっている〝名古屋めしマジック〟はこのうま味の濃さによるものです。

豆味噌は優れた調理特性ももっています。最大の特徴が〝煮込める〟こと。一般的に味噌は煮立てると香りが飛んで風味が落ちてしまいます。自炊をする人なら親などから「味噌汁は煮立たせちゃダメ」と教えられた経験があるんじゃないでしょうか。

しかし、豆味噌に限ってはこれに当てはまりません。煮込んでも香りの変化が少なく、煮込めば煮込むほどむしろおいしくなるのです。さらには食材に香りが吸着しやすく、油との乳化性（とけ合って一体化すること）にも優れています。肉や魚介類のうま味を相乗的に高め、食材の味を補強し調和させるという力ももっています（「愛知の豆みそ公式サイト」参照）。

ここまで説明すればもうお分かりでしょう。

味噌をぐつぐつ煮込む味噌煮込みうどんやどて煮、味噌おでんは、豆味噌ならではの調理特性

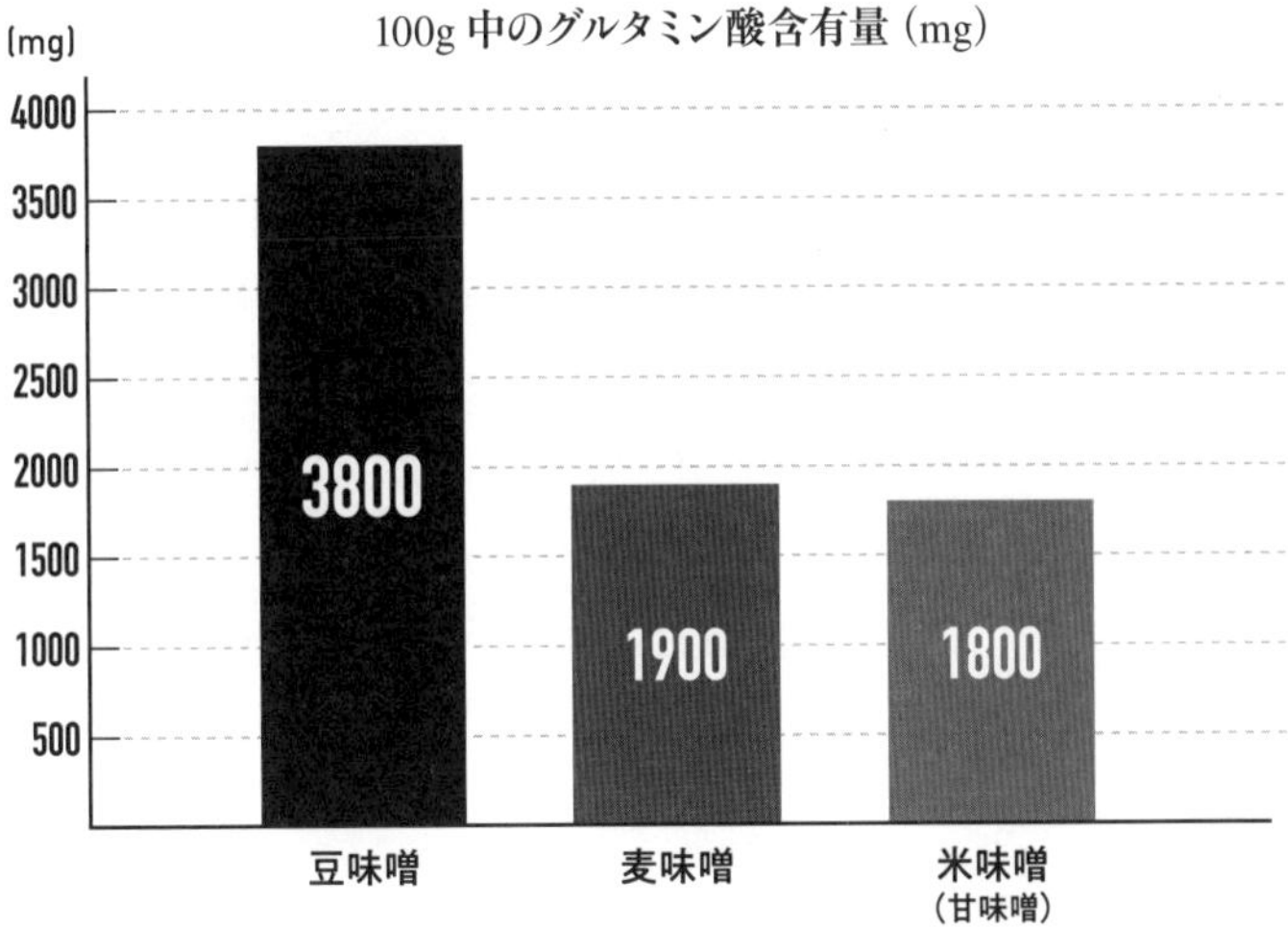

豆味噌・米味噌・麦味噌に含まれるうま味成分・グルタミン酸の含有量比較。豆味噌は他の味噌と比べてうま味成分がおよそ２倍もある

（「食品成分データベース」文部科学省）

を活かして生まれたもの。

どて煮に串カツをつけたのがルーツといわれる味噌カツにいたっては、煮込めるという特長や、肉や油との相性のよさなど、豆味噌のあらゆる長所をかけ合わせたものといえます。

すなわち、名古屋めしの味噌系グルメは、豆味噌という地域固有の調味料があったからこそ生まれ、豆味噌のならではの調理特性があるからこそおいしい料理になったのです。その数々は、豆味噌文化圏以外では決して誕生することはありませんでした。

名古屋めしの味噌系グルメは、名古屋や愛知だからこそ必然的に生まれた料理なのです。

名古屋の味噌＝「赤味噌」「八丁味噌」は間違い？

このように名古屋めしを最も特徴づけている豆味噌ですが、豆味噌という呼び方にはあまり耳なじみがないかもしれません。

一般的に、名古屋の味噌は「赤味噌」「八丁味噌」と呼ばれることが多く、豆味噌といわれてピンと来なくとも、「赤味噌」「八丁味噌」と聞けば「あ、名古屋の辛い味噌のことね」とイメージできる人は多いことでしょう。こうした認識は地元の人でも同様で、味噌を日ごろから扱っている飲食店の人でも「赤味噌」「八丁味噌」と呼ぶ人が大半です（肌感覚ですが「赤味噌」7割、「八丁味噌」3割弱といったところでしょうか。このほんのわずかな「弱」の部分が「豆味噌」派です）。

味噌の種類は二通りの分類の仕方があり、先の「豆味噌」「米味噌」「麦味噌」「合わせ味噌」は原料によって分類した呼び方です。

もうひとつが色による分け方。「白味噌」「淡色味噌」「赤味噌」の3種類に分けられます。この見た目の違いは概ね熟成期間によるもので、熟成期間が短ければ淡く（白く）、長ければ濃く（赤く）なります。豆味噌は長期熟成なのですべて色が濃く、すなわち豆味噌はどれも赤味噌に分類されます。

一方、米味噌にも赤味噌と呼ばれるものはあり、宮城県の仙台味噌をはじめ、北海道、東北、北信越などでも熟成期間が長い〝米味噌の赤味噌〟がつくられています。これを名古屋の赤味噌と混同して、「名古屋は味噌が独特というけど、他にも赤味噌を使っているところはある」と勘違いしてしまう人もいるのですが、名古屋・東海地方の赤味噌と、それ以外の地域の赤味噌とは原料が異なる、別の種類の赤味噌なのです。

そして「八丁味噌」。ほとんど普通名詞のように使われていますが、本来は豆味噌の中でもっとも有名なブランド名です。岡崎の八帖町（旧・八丁村）で伝統製法を守り続けている「カクキュー」「まるや」がこの名称を名乗っています。ただし、愛知県内には他にも「八丁味噌」の名前で業務用味噌をつくっているメーカーがいくつもあり、主なメーカーが加盟する愛知県味噌溜醬油工業協同組合は「八丁味噌は普通名詞化している」という立場を取っています。事実、名古屋の飲食店が「八丁味噌を使っています」という場合でも、業務用の方を使っているケースがしばしばあります（※この「八丁味噌」の呼び方についてはかなりセンシティブな問題をはらんでいるので、P150で詳しく説明します）。

したがって、名古屋の味噌を「赤味噌」と呼ぶのは間違ってはいませんが、他の地域の赤味噌とは違う赤味噌であることを理解しておく必要があります。「八丁味噌」と呼ぶ場合は、それが本当に八丁味噌ブランドの商品であれば問題ありませんが、普通名詞のつもりで使うと当てはまらないものもあるので注意が必要です。そのため、名古屋や東海地方の特産の味噌については「豆味噌」という原料で分類した名称を使うのが最も誤解がないのです。

最強の兵糧＝豆味噌で天下を制した愛知の武将

豆味噌は、他にも栄養価が高く、長期保存に向いているという長所があります。

戦国時代、味噌はどの地域でも兵糧として重宝されていました。中でも尾張、三河の豆味噌はこの長所のおかげでとりわけ兵糧としての効果を発揮しました。「腹が減っては戦はできぬ」ということわざもあり、兵糧攻めが最も有効な戦術だったように、当時の戦の勝敗を何より左右したのは食糧です。その点で豆味噌を擁するこの地域の武将には、頼もしいアドバンテージがありました。丸めた味噌玉、味噌をつけて焼いた焼きおにぎりなどは戦の時の携帯食として、武士たちの粘り強さを支えました。

名古屋は戦国時代のヒーロー、織田信長、豊臣秀吉、徳川家康の三英傑ゆかりの地で、江戸時代の大名の7割が愛知の出身だといわれます。豆味噌が、天下を制した愛知の侍たちの強さの源になったとも考えられるのです。

事実、信長も秀吉も味噌を好み、中でも家康は無類の味噌好きだったと伝えられます。江戸城の徳川将軍家の屋敷には1000人分の食事に使う味噌を擂《す》る専門の役人もいたのだとか。家康は75歳まで生きた、当時としてはかなりの長寿で、その健康を支えたのも豆味噌と麦飯を基本とした一汁一菜の食生活だったといわれています。

近代においても、八丁味噌が太平洋戦争時に海軍御用達とされ、昭和30年代には南極観測隊の携行食品に採用されています。豆味噌は、過酷な環境下でも品質が安定した栄養・スタミナ食品として、重宝されてきたのです。

なぜ豆味噌は東海地方限定？背景にあの天下人の権謀術数が？

タフな栄養食品で調理法も幅広い。そんないいことずくめの豆味噌ですが、ではどうして東海地方だけでしかつくられてこなかったのでしょうか？

一番の理由はこの地域の高温多湿な気候にあるといわれます。蒸し暑いため大豆が酸化して酸っぱくなりやすく、それを防ぐために味噌玉に麹をつける独特の発酵法を行い、長期熟成によって水分を極限まで減らして保存性の高い味噌をつくる必要があったのです。

ルーツについては諸説があります。

ひとつは、豆味噌は日本の味噌の原点で、中世以前からつくられていたとする説。平安時代になると米麹を加えた米味噌がつくられるようになりますが、東海地方では先の気候条件から米味噌づくりには適していませんでした。熟成期間を短縮できる米味噌や麦味噌は味噌の進化版といえますが、東海地方は原始的な豆味噌をつくるしかなかったというわけです。

もうひとつが朝鮮半島由来説。豆味噌は日本古来の味噌とはまったく異なる出自をもち、朝鮮半島から日本海沿岸に渡来し、そこから南下して東海地方に根づいたもの。近年、食文化の研究者の間ではこの説も強く支持を得ているようです。朝鮮半島に豆味噌とそっくりなつくり方をする味噌の一種があることが、この主張の裏づけにもなっています。

ただし、どちらの説も、だとすれば豆味噌産地がもっと全国各地に残っていてもいいのでは？と疑問が残ります。

そこで筆者が支持しているのが〝家康のご法度説〟です。

関ケ原の合戦に勝利した後、天下を統一した家康は、自らの軍勢である三河武士の強さの源が豆味噌であることを熟知していました。

もしも日本中で豆味噌がつくられ各地の大名が強力な軍隊を組織するようになったら、いつの日か徳川に刃を向けるやもしれぬ……。そう案じた家康が自身の故郷である岡崎とその周辺以外での豆味噌の製造を禁止したのでは……？ 実際に家康は、軍事用から発展した花火のもととなる火薬の製造を三河以外では禁じました。

これが現在にいたる三河花火の発展の背景となっています。兵糧として重宝した豆味噌は一種の軍用品ともいえ、それを息のかかった出身地だけに囲い込んだことが、豆味噌の東海地方限定の発展につながった!?

智略に長けた家康なら、こんな権謀術数をめぐらせたとしても不思議ではないと思いませんか。

これは筆者の創作ではなく、見聞きした覚えがある、という関係者が筆者を含めて何人か存在します。残念ながら現時点ではネタ元をあらためて見つけることができていないのですが、こんな歴史ミステリーに思いをめぐらせられるくらい、豆味噌は東海地方オンリーの不思議な魅力に尽きない調味料なのです。

そして、豆味噌の奥深さや不思議さに着目すると、これをもとに独自の発展を遂げた名古屋めしに対しても、興味が深まるんじゃないでしょうか。

味噌煮込みうどんの麺は太くて硬くて生煮え⁉

味噌系の名古屋めしといえば味噌煮込みうどん。名古屋のみならず愛知県内なら大体のうどん店で食べることができ、岐阜県でも広範囲に普及しています。またスーパーの袋麺やカップ麺もよく売れ、名古屋人が最も食べている名古屋めしといっても過言ではありません。

味噌煮込みうどんの代表格が「山本屋本店」と「山本屋総本家」。どちらも大正時代に大須で創業した「山本屋」の系譜にあり、それぞれ別の組織ではありますが、看板の文字は非常によく似ていて、何より目玉である味噌煮込みうどんにも共通点が多いため、名古屋人でも両者を判別できていない人が少なくありません。

この両「山本屋」は、主食メニューは味噌煮込みうどんのみという完全なる専門店。つまり味噌煮込みうどんを食べる以外の選択肢は基本的にないのですが（味噌を入れないすまし煮込みなる隠れメニューも実はあり）、ここで他県の人が驚くのが麺の太さと硬さです。

「お土産用の味噌煮込みうどんを食べた県外の方から〝こんな硬い麺が食べられるか！〟とクレームが入ることがいまだにあります」とは「山本屋総本家」代表の小松原克典さん。

そう。〝太くて硬い〟は両「山本屋」の味噌煮込みうどんの最大の特徴であり、今では名古屋のうどん店全般でこのスタイルはきわめてオーソドックスなものとなっています。

この太くて硬い麺は土鍋に直接放り込まれて、今まさに煮込んでいる状態で客に提供されます。最初は芯が少し残っているため、〝硬くて生煮え〟と面食らってしまう人が多いのです。

この特徴的な麺。太さや硬さだけでなく、そもそも一般的なうどんとは製法がまったく異なります。通常のうどんは、塩水で生地をこねて麺を打ち、湯をはった大きな釜でゆでて、その際に塩分が抜けてグルテンが強化され、これがもちもちしたコシを生みます。対して味噌煮込みうどん用の麺は真水で打つのが一般的。だからこそ土鍋でゆでてそのままお客の前に出せるのです。

もしも塩水で打った麺で同じことをしたら、つゆに塩がとけ出してしょっぱくてとても食べられないでしょう。

味噌煮込みうどん＝鍋焼きうどんの味噌仕立て、こんな風に誤解している人もしばしばいますが、鍋焼きうどんはあくまで普通のうどんをゆでて鍋に入れたもの。味噌煮込みうどんは麺も調理法もそれとはまったく異なるのです（ただし、

味噌煮込みうどんを“鍋焼きうどんの味噌仕立て”と思っている人も多いが、まったくの別物。塩を使わずに打つ麺に大きな特徴があり、独特の噛み応えを生んでいる。写真は「山本屋総本家」の味噌煮込みうどん

関西を拠点とする某和食チェーンは鍋焼きうどんの味噌仕立てを「味噌煮込みうどん」と称して出しているそうです）。

こうした麺の打ち方は、味噌煮込みうどんが手軽な家庭料理をルーツとするからといわれます。小麦粉をこねた生地をちぎって鍋に放り込む、山梨県の「ほうとう」にも似た鍋料理が発展したものと考えられるのです。

味噌煮込みうどんの麺の硬さに対して〝コシがある〟という表現をしばしば見かけますが、これもちょっと誤解があります。コシのもとはグルテン（たんぱく質が結びついて生じるゴムのような構造）で、ゆでて生地から塩が抜ける際により粘り強さが生じます。真水で打つ煮込み専用麺はこの工程がないため、独特の硬い食感はコシとは異なるもの。その食感については、小麦の素朴な風味がしみ出る噛みごたえ、とでも表現するのがふさわしいと考えられます。

この煮込み専用麺は、お湯で塩が抜けるという工程を経ていない分、煮込むにしたがってつゆがじわじわ浸透していきます。食べ進むにしたがってちょうどよい軟らかさになり、また特徴的な味噌のつゆの風味を、麺そのものからも感じることができます。

「普通のうどんは出てきた瞬間が一番うまい。でも味噌煮込みうどんは土鍋の中でどんどん麺がつゆとなじんで〝育って〟いく。最後のひと口が一番うまいんです」。店名に〝みそ煮込み〟を冠した「みそ煮込みの角丸《かどまる》」の日比野宏紀さんはこう胸を張ります。

そして、最初に特徴として挙げた味噌煮込みうどん＝〝麺が太くて硬い〟というのも実は少々誤解があります。

「あれは山本屋さんが流行らせたスタイル。最初は〝変わった麺を出してみえるなぁ〟と思ったもんです」。こう言うのは1890（明治23）年創業の「一八《いっぱち》本店」（名古屋市中区）4代目の上田正隆さん。かくいうこの店の味噌煮込みうどんの麺はちょっとねじれた平打ち。先の「みそ煮込みの角丸」はうどんとそうめんの中間くらいというかなりの細麺です。

他にも昭和前半以前に創業しているうどん店では、〝太くて硬くはない〟麺の味噌煮込みうどんを出す店がしばしばあるのです。それらの麺は太硬麺よりもゆで上がりやすいため、〝生煮え〟なんて感じることはほとんどありません。

そして、山本屋の太麺も、しっかり煮込めばちょうど食べやすい軟らかさになり、注文する時点で好みの食感に合わせて煮込み時間を調整することが可能です。

〝太くて硬くて生煮え〟という味噌煮込みうどんの麺に対する印象も、実は様々な誤解から生じているものといえるのです。

元祖が『八丁味噌』を名乗れなくなる？GI問題の深い溝

この章では、最後にこの話題にもふれないわけにはいきません。

八丁味噌をめぐるGI問題です。

2018（平成30）年に大きく報道されて注目を集めたこの問題。「八丁味噌」の名前を〝使える〟〝使えない〟で生産者と国がもめているなぁ…と何となく覚えている人もいらっしゃるんじゃないでしょうか。

世間の耳目を集めてから何年かたちますが、今どうなっているのでしょうか？

まずはあらためて八丁味噌について説明します。先にも記述しましたが、八丁味噌はもともと「カクキュー」と「まるや」、愛知県岡崎市の老舗2社によるブランド名です。名称は徳川家康が生まれた岡崎城より八丁（約870m）西の場所でつくられることに由来します。2社は江戸時代初期からここに蔵を構え、歴史はそれぞれおよそ400年。巨大な木桶に石を積み上げ、二夏二冬をかけて長期熟成させて味噌をつくるという伝統的製法を守り続けています。こうして出来上がる八丁味噌は、最初は辛く感じるのですが奥に深いコクと渋味、苦味があり、その風味の力強さは味噌の中でも別格とされます。価格も400g500円台以上と一般的な味噌と比べてかなり高値です。

そしてGI（地理的表示）保護制度。これは農林水産省による食品の産地ブランド認定制度。産地の風土や伝統的製法にもとづいてつくられている食品に地名を冠し、産品としての価値を高めていこうというものです。登録されると国のお墨付きであるGIマークをつけて販売することができます。2015（平成27）年にスタートし、「夕張メロン」「但馬牛」「特産松阪牛」など119産品が登録されています（2022年3月末時点）。

木桶に石を手摘みして長期熟成させるのが八丁味噌本来の製法。「カクキュー」「まるや」の岡崎の2社はこのつくり方を忠実に守り続けている。写真はカクキュー

八丁味噌がGI登録されたのは2017（平成29）年12月15日。しかし、登録生産者団体と公示されたのは愛知県味噌溜醤油工業協同組合。元祖または本家と広く認知されている「カクキュー」と「まるや」はここに含まれていません。これによって2社はGIマークを使うことができず、以前より輸出をしていたヨーロッパで「八丁味噌」を名乗れなくなるというのです。

この問題が新聞やテレビで報じられると、ネットなどで

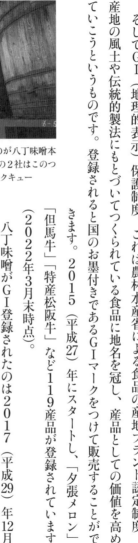

「えっ、どうして?」「八丁味噌といえば岡崎でしょう」と疑問を呈する反応がわき起こりました。

さかのぼること2015(平成27)年、農水省がGI制度の登録申請受付を始めた際、「カクキュー」「まるや」2社による八丁味噌協同組合は真っ先に申請をしていました。食の伝統とその産地を守るための制度だと考えたからです。一方で県内およそ40の生産者で構成される愛知県味噌溜醤油工業協同組合も「八丁味噌」で申請を行います(先に申請があったため意見書扱い)。

この時点で、岡崎2社と県組合の考える八丁味噌の定義には相違がありました。主な違いを分かりやすくいえば、前者は産地を岡崎に限り木桶と石積みで2年以上天然醸造により仕込む、後者は産地を愛知県とし熟成期間は一夏以上とする、というものです。この段階から農水省は、生産地を愛知県とすることを重視し、岡崎2社に申請内容の変更を要請。2年にわたって協議を重ねるものの折り合いがつかず、結果的に県の組合の申請が登録されることとなりました。

「カクキュー」と「まるや」は、当然ながら農水省の決定に異を唱えています。

八丁味噌をめぐるGI問題が表に出たのは2018(平成30)年1月。名古屋では地元各紙が大きく取り上げた

「矢作川河畔の風土の下、大きな木桶に石を積んで2年以上長期熟成する昔ながらの製法が独特の深いコクを生み、それこそが八丁味噌の個性であり消費者が求めているもの。ところが、GI認定を受けた『八丁味噌』は、私たちが長年守ってきた製法、伝統とは大きく異なる。これではお客様との信頼関係が崩れてしまい、私たちも今までのつくり方を守れなくなってしまう。結果として八丁味噌のブランド力が低下してしまうと危機感を抱いています」とは「まるや」社長・浅井信太郎さん。

「カクキュー」社長・早川久右衛門さんも「GIブランドが目指すのは〝地域ブランドの保護・活用による地域の活性〟〝伝統的な食文化の継承〟のはず。我々2社が八丁味噌のオリジナルであることは農水省も認めているにもかかわらず我々の考える八丁味噌とは異なるものが登録されたこの裁定は大変遺憾です。八丁味噌がメディアで紹介される場合、木桶に石を積んだ我々2社の蔵の様子が紹介されることがほとんどで、消費者は〝こうやってつくっているんだ〟と思って製品を手にして購入してくれる。しかし、そうではないものにGIマークがつけられて出回ると、イメージと異なる八丁味噌を知らずに購入してしまう可能性がある。これは消費者にとって不利益になるのではないでしょうか」と、戸惑いと憤りを隠せません。

一方で、八丁味噌の生産者団体としてGI認定を受けた愛知県味噌溜醤油工業協同組合はこう語ります。

「あくまで産品としての八丁味噌がGI登録されたということであり、我々の組合が登録されたわけではありません。報道では『カクキュー』さん、『まるや』さんがあたかも除外されたかのような印象を受けますが、農水省との協議の結果、岡崎の2社さんが自ら申請を取り下げたのであり、あらためて申請してくだされば登録を受けられると、農水省からも発表がありました」と同組合専務理事・富田茂夫さん。

さらに「岡崎が発祥の地である、ということはもちろん誰もが認めるところ。一方、業務用が主なので一般には知られていませんが、県内には戦前から『八丁味噌』の名称で生産をしてきた業者が何社もあります。また、実際に豆味噌＝八丁味噌のことだと認識されている消費者も多く、私たちとしては八丁味噌は今では普通名詞化しており、愛知県の共有財産だととらえています。八帖町でつくられたものだけが八丁味噌と登録されることはその実情とはそぐわず、また八丁味噌を長い間つくってきた県内の蔵の不利益にもつながってしまいます」と続けます。

さらに県組合は、岡崎2社とはまた異なる視点で、味噌生産の将来に危機感を募らせています。「食生活の洋風化、多様化で味噌の生産・出荷量は長らく減少傾向にあります。しかも豆味噌の市場規模は味噌全体の20分の1程度に過ぎません。加えて味噌づくりというのは大変な重労働ですからこの先ますます人手不足になっていく。機械化や新しい方法も取り入れて、作業負担を減らすことで価格を抑える必要がある。木桶の代わりにステンレスの桶を使い、天然石を積まなくとも、現代の技術で補えば八丁味噌の名にふさわしい製品をつくることはできる。また、ヨーロッパに市場を求めて販路を拡大しようと考えた時、特定の生産者だけでは対応しきれない恐れもあります。GI登録を機にブランド力をより高めて、愛知県の豆味噌の魅力を広めていくことが、将来的にこの地域の味噌づくりの発展につながると考えています」

県組合が言う通り、「名古屋・愛知の味噌＝八丁味噌」と認識している人が多いことは確か。つまり、八丁味噌が普通名詞化している実情を踏まえた上でその定義を定め、国の登録によって名称の乱用を防ぎ、品質を保つことができる、さらには産業としての可能性も広げられるというのが組合の考えです。

農水省は「カクキュー」と「まるや」が県組合に加盟すればこれまで通り「八丁味噌」の名称を使えるといいます。しかし、2社が県組合に加盟していないのは、やはり過去に八丁味噌の商標に関して折り合いがつかず、脱退したといういきさつがあります。先にも記した通り、もともと両者の間では八丁味噌の定義について見解の相違があるのです。

伝統に重きを置く岡崎の2社の愚直なまでの姿勢は、広く共感を得やすい力があります。一方で業界全体の将来を考える県組合の方針も方向性としては理解できます。農水省としては、特定の生産者により守られる伝統と、ある程度の数の業者が参画しての産業振興をてんびんにかけ、後者を優先したということになるのだと思います。

この問題が報道された際、岡崎の2社の圧倒的なブランド力もあらためてクローズアップされることになりました。「八丁味噌といえば岡崎でしょう」。そんな声がネットで数多く上がり、また産地を愛知県に広げたいと考える県組合と農水省もまた「発祥は岡崎」と認めています。仮に八丁味噌の枠組みが広がったとしても、「カクキュー」「まるや」はその中でも別格の〝岡崎クオリティー〟を十分に周知させていくことができる、それだけの信頼の蓄積を既に獲得していると感じました。400年という歴史の重み、確かな品質に対する信頼感、そして地域の食文化にもたらしてきた影響力は、それほどゆるぎのないものなのです。

しかし、やはり発祥地の蔵が不在のまま、国のお墨付きを得た「八丁味噌」が出回ることには違和感を禁じ得ません。

「『八丁味噌』でなく『東海豆味噌』の名称でGI登録すればいいと個人的には思います。それぞれの蔵元に特徴があるのですから、豆味噌全体で価値を底上げした方が多くの蔵元が参加できる。その方が結果的に大手ほどメリットは大きくなると思います」というのは「カクキュー」の広報を担当する野村健治さんです。

様々な議論を呼んでいるこの問題ですが、その後も岡崎の2社にとって解決の糸口は見えないままです。県組合がGI認定されたことに対して、八丁味噌協同組合は農水省に不服審査請求を行うものの、申し立ては棄却。このため、EUとのEPA（経済連携協定）締結後は、EU圏内において「カクキュー」と「まるや」は八丁味噌を名乗れなくなる恐れがあります。

それだけではありません。ＧＩ問題が取りざたされるようになった当初、「八丁味噌」の名称が使えなくなるのはＥＵへの輸出品に限ってのこととされていました。およそ４００年にわたってこの名前を使ってきた「カクキュー」「まるや」には「八丁味噌」の先使用権が認められていて、国内での販売においてはこれまで通り名称の使用に問題はありませんでした。

ところが、２０１９（平成31）年2月に法改正が行われて新しい地理的表示（ＧＩ）法が施行されると、先使用期間が原則として7年と制限されることに変更されました。これによって2社の「八丁味噌」の先使用期間は２０２６（令和８）年までとされ、それ以降は「八丁味噌」と名乗る場合はわざわざ「ＧＩ認定を受けていない」という表示をつけなければならなくなってしまったのです。

「『ＧＩ認定を受けていない』というラベルを貼るなどするのが現時点で考えられる対処法ですが、また法律が変わるなどして対応の変更が必要となることもあり得る。ですので今は具体的な対応策を決められない状態です。我々としては制度や法律の問題としてよりも、食文化としての価値を知ってもらうことで八丁味噌の名称を守っていけないかと考えています」と「カクキュー」の野村さん。

伝統、文化という観点からすれば、八丁味噌を何百年とつくり続けてきた生産者が、名称の使用に制限を受けるような事態は、多くの人にとって納得のいくものではありません。このまま「カクキュー」「まるや」の2社が「GIではありません」という断り書きを入れて流通せざるを得ないことになったら、それこそ消費者の戸惑いを招き、さらにはGI制度に対する不信感にもつながる恐れがあります。冷静に考えて、そんな不自然な状況は、誰にとってもメリットがありません。

「間違いだらけ」をうたう本書の中でも最大級に〝?〟が多い八丁味噌のGI問題。食文化を守るべきは誰の、何のためなのか？　八丁味噌の濃厚なうま味を愛してやまない名古屋・愛知の人たちは、この問題を正しく知り、その上で声を上げる資格があると思います。そして、その声が反映された、「間違い」ではない方向へ事態が進むことを願ってやみません。

第3節　間違いだらけの名古屋のきしめん

名古屋めしの中でも最も歴史があるといわれるきしめん。明治時代には既にご当地の名物とされ、全国的な知名度も名古屋めしの中で随一です。

しかし、きしめんは最も誤解されている名古屋めしでもあります。

うどんを薄く延ばしただけ。

駅のホームが一番うみゃ～。

そんな根強い誤解を、〝平たく〟解いていきましょう。

きしめんは名古屋駅のホームが一番うみゃ～⁉

きしめんは新幹線名古屋駅ホームの立ち食いスタンドが一番うまい！

きしめんに対する評価で、このフレーズは最もよく耳にするものです。

特に、地元のミドル世代以上のビジネスマンが、テレビの取材などでドヤ顔でこう答えたりしています。河村たかし市長からして「これが一番うみゃ～！」なんて言っていますから、名古屋の特にオジさん世代の共通認識とすらいえます。

名古屋駅ホームの立ち食いきしめんがうまい！　これは私も否定はしません。新幹線の待ち時間にだしのいい香りが漂ってくるとそれだけで食欲がそそられます。急いでいる時でも5分もあれば小腹を満たすことができ、行き交う列車を横目にアツアツのきしめんをすするとそれだけで旅情が感じられます。

事実、名古屋駅ホームのきしめん店は、こだわるべきところにはしっかりこだわって味づくりをしています。

「だしは国産むろあじと宗田《そうだ》がつおの削り節を使用し、創業当時から配合は変わりません。一度だけ外国産の材料で試作したのですが、微妙な臭みが気になり採用を見送りました。麺はオリジナルの生冷凍麵。のどごしを重視して何度も試作をくり返しました。〝もっとなめらかに！〟〝うどんを平たくしただけではダメだ〟と当時の担当者がメーカーに何度もリクエストしたと聞いています」

とジャパン・トラベル・サーヴィス名古屋営業所長の桑原栄介さん。同社は１９６１（昭和36）年に国鉄（当時）名古屋駅の在来線ホームに2店のきしめん店を出店し、１９８３（昭和58）年には新幹線のホームにも進出。現在、ＪＲ名古屋駅にきしめん店10店舗を展開します。ちなみに「住よし」「憩」と2つの店舗ブランドがありますが、「メニューはほとんど同じで、提供しているきしめんは同じもの」（桑原さん）と言います。

同社のきしめん店の年間販売数は実に１００万食（コロナ禍以前の実績）。全国の人に最も食べ

名古屋駅新幹線ホームのきしめんスタンド「住よし」。県外の人が最も食べているきしめんといって間違いない

られているきしめんといえるでしょう。〝きしめん＝名古屋名物〟というイメージを全国に広め、印象づけた功労者であることにも疑いの余地はありません。

では、最も食べられているきしめんは最もおいしいきしめんなのか？　失礼を承知で尋ねてみました。

「〝名古屋で最もおいしいきしめん〟を目指しているのでしょうか？」

「いえ、そういうわけではありません。低価格でよりスピーディーに。その条件の中で、最大限おいしいきしめんを目指しています！」

利用者のほとんどは乗車前のわずかな時間に立ち寄る人。リーズナブルさとクイックサービスが何より優先度が高く、その中で可能な限りのおいしさを追求していると、てらいなく答えてくれました。

では、旅行者や出張族はさておき、なぜ地元の人にもこんなにウケるのか？

「こう言っては何ですが、名古屋の人は普段あまりきしめんになじみがないと感じます」と桑原さん。大阪出身で2013（平成25）年に転勤で名古屋へ来た桑原さんは、赴任当時、意外な思いをしたと言います。「名古屋の人に〝家できしめん食べるんですか？〟と聞くと、大半の人が〝うどん〟と答えるんです」

この指摘は的を射ていて、名古屋では長らく深刻な〝きしめん離れ〟が進んでいました。乾麺の生産量は減少の一途、市内のうどん店からは「ひどい時は一日に一杯も出ない日もあった。打つのが馬鹿らしくなるくらいだよ」という声も聞こえてきたほどです。

つまり、名古屋の人も、きしめん経験値は県外の人とほとんど変わりがなく、それゆえ立ち食いのきしめんに旅行者と同様に「うまい！」と感動するというわけです。

旅行者が駅の立ち食いで「きしめんはうまい」と思ってくれるのは、名古屋人にとってもうれしいこと。しかし、名古屋人が彼らと同じように「これが一番！」と舌鼓を打っているのはちょっとさびしく感じます。一杯380円（安い！）の立ち食いきしめんは、あくまでお手軽に食べられる入門編であるはずなのです。

せっかく地元の名物に興味をもってくれた旅の人に対し、「じゃあ、今度は街なかの本格派のきしめんを食べさせてやろう」とアテンドしてこそ、本場の住民らしいおもてなしといえるのではないでしょうか。

きしめんはうどんを平たくしただけ!?

立ち食いきしめん問題にとどまらず、きしめんは何かと誤解されがちな名古屋めしです。

うどんをただ平たくしただけ。これは名古屋人も含めて大半の人が思い込んでいる最も根本的な誤解です。

確かに、〝名古屋の〟きしめんとうどんは同じ生地を延ばすか延ばさないか、だけの違いです。しかし、では他の地域でもうどんを延ばせばきしめんになるかというと、そんなことはないのです。「讃岐うどんの生地できしめんのように平打ちにしたら、すぐにぷちぷち切れてしまうでしょうね」

というのは「総本家えびすや本店」（名古屋市中区）3代目の中山義規さん。

讃岐うどんなど他地域のうどんと、名古屋のうどん、きしめんの第一の違いは生地の塩分濃度（ボーメ度）です。両者の違いは次の通り。

○讃岐うどん／塩水の塩分濃度＝冬7〜8％　夏12〜13％
○「総本家えびすや本店」のきしめん・うどん／同　冬16〜17％　夏23％前後

「総本家えびすや本店」は名古屋の中でも特にボーメ度が高いのですが、名古屋では概ねこれに準ずる10％台後半が標準です。讃岐うどんと比べるとおよそ2倍近くも塩分が多いのです。

なぜこんなに塩分が多い生地をつくるのか？

名古屋は高温多湿のため、生地が傷むのを防ぐためというのがよくいわれる理由です。しかし、それだけではなく、名古屋人の嗜好に合った麺、そして何よりおいしい麺をつくるためにこうなったのではないか、と中山さんはいいます。

「うま味のある麺に仕上がるんです。讃岐うどんは生地を朝こねてその日のうちに出すのが基本ですが、名古屋の生地は塩分が多い分粘りが強く、こねて丸めた時点では硬くて次の作業に取りかかれない。そのためひと晩寝かせる必要があり、その間に熟成して麺そのものに味わいが出てくるんです」

その他にもメリットはいくつも。

「ゆでのびしにくい。表面がとけにくくて透明感が出る。噛み応えが生まれる。小麦粉の粉臭さが抑えられる。すなわちきしめんにうってつけの生地ができるんです」

さらに、名古屋のうどん店の出自にも理由があるとの意見も。

「名古屋は公設市場出身のうどん店が多かったんです。そこでは生麺もゆで麺も扱い、家庭用はもちろんうどん店も仕入れに来る。さらに一般のお客さん向けにイートインもやる。一日1000食分をつくるのもざらで、前日からある程度仕込んでおかないと間に合わない。ひと晩おくのに塩が少ないと麺がダレてしまうので、ボーメ度を高くする必要があったのです」

とはうどん粉専門の製粉会社「金トビ志賀」(愛知県蒲郡市)社長の志賀重介さん。名古屋は公設市場の歴史が古い（発祥の大阪市が1918年、名古屋では翌年、国内で二番目に開設）こともあり軒数も多く、最盛期には市内に15カ所がありました（現在は5カ所）。市民の台所として盛況を博し、うどんの製麺所兼食堂も大いに繁盛しました。戦前〜戦後にかけてはここで腕を磨くとともに資金をため、うどん店として独立開業した職人も多かったといいます。

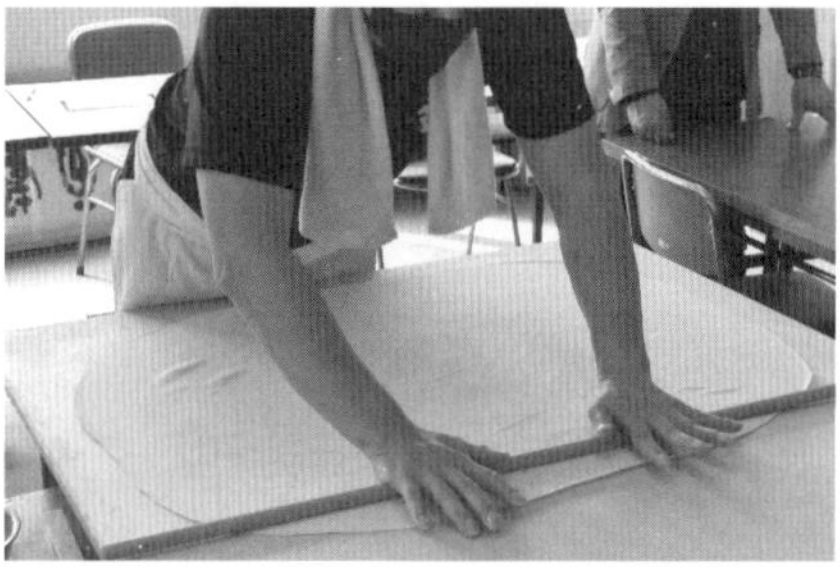

きしめんを延ばす際には非常に細い麺棒を使う。この細さでなければ生地に均等に力が加わらず薄く延ばすことができない

きしめんは名古屋の職人以外は打てない！

「名古屋のうどん職人は技術も高いし、手も早い。他の地域の職人ではきしめんは打てません！」

「金トビ志賀」の志賀さんはこうも言います。

「名古屋には〝名古屋手打〟という独特の麺打ち技法がある。これはきしめんを打つために生まれたものだと思います」

名古屋手打は、まず先のような塩分濃度の高い生地を使うのが大前提。「本まるけ」「へそ出し」と呼ばれる工程があり、中央に向かって生地をしっかり指で押さえ込んでへそのようなでっぱりをつくります。これがあることで、きしめんを打つ時にも真ん中が薄くなりすぎず、生地を破ることなく均等に延ばすことができるのです。

きしめんならではの薄く延ばす作業がまた高難度。一般的なうどん用の麺棒の半分程度の直径の細い麺棒を使って巻きつける回数を増やし、なおかつ麺台にしっかり押さえつけなければ薄く延ばせないといいます。

つまり、延ばしにくい生地をあえて延ばすことで、薄くても弾力があって噛み応えがある麺に仕上がるというわけ。名古屋の手打ち職人は、時間も技術も体力も要するやり方できしめんをつくっているのです。

ちなみに名古屋のうどん店は、きしめん、うどん、煮込み専用麺、そばと4種類の麺を用意するのが当たり前(中には夏に冷や麦も手打ちでつくる店も)。高難度のきしめんを打つ技術の高さに加えて作業のスピードも速い、技術力とスピードを兼ね備えた職人が多いのです。

名古屋のうどん店では「名古屋手打」と呼ばれる独特の麺打ち技術が継承されている。きしめんの生地は丸める際、中央に"へそ"というでっぱりをつくる

きしめんは燃料代をケチるために薄くした⁉

薄い分、ゆで時間が短くて済み、燃料費を節約できる。名古屋人の倹約主義からきしめんが生まれた。こんな通説もあります。先の「総本家えびすや本店」では、5分前後（季節によって調整）。讃岐うどんのゆで時間は主に11～15分ほどといわれるので、きしめんはゆで時間が短いことは確かです。しかし、倹約志向からきしめんが生まれた、とするのは多分に誤解がある、と志賀さんは言います。

「きしめんは確かに他の地域のうどんよりゆで時間が短い。しかし、これは薄いからというよりも、浸透圧の作用です」

くり返し述べているように名古屋のうどん、きしめんの生地は塩分濃度が高い。ゆでる際、塩が抜けるのに合わせて湯が生地に入り込んでくるので、塩分が多い分、浸透圧が高くなって湯が早く全体に行き渡り、ゆで時間を短縮できるというわけです。

また、ゆで時間は短くても、きしめんは麺が薄くて平たいために釜の中でくっつきやすく、目を離せないという点でも手間がかかります。さらに麺から抜けた大量の塩分が湯にとけ出すため、湯をひんぱんに交換する必要もあります。手間がかかる上に、水道代も光熱費もかさむきしめん。

効率を優先していたらとてもつくれるものではないのです。

そして何といってもきしめんには、薄くて幅広いという独特の形状ならではの魅力があります。舌にふれる部分が多いのでぺろぺろっとした滑らかさをより感じられ、その上つゆののりもよい。さらに薄いのにピンと張った弾力がある。麺料理の醍醐味である食感に、他にはない個性と魅力があるのです。熟練の職人によっててていねいにつくられた真のきしめんは、単にうどんを平たくしただけではない、オンリーワンの麵料理なのです。

きしめんはかつおの風味が香ばし……くはない！

「つゆのかつおの香りが香ばしい……！」

きしめんに対して、こんな感想をしばしば耳にします。新幹線の駅のホームできしめんをすすり、こんな風につぶやいたことがある人もいるんじゃないでしょうか。きしめんは花かつおを上からトッピングするのが基本のため、つゆもかつおの風味がするとイメージしがちです。

しかし、これは思い込みによる間違い。名古屋のうどん店では、かつおではなく、むろあじと宗田がつおでだしを取るのが基本です。

「むろあじはまろやかでコクがあり、宗田がつおはパンチがある。名古屋ではつゆのベースがたまり醤油で、味噌煮込うどんはこれに豆味噌も加わる。このつゆに合わせるには、かつおのだしだと上品すぎるんです。むろあじを中心に宗田がつおをブレンドしただしを取ることで、たまり醤油や味噌のくせにも負けない強さや、包み込むような柔らかさを出せるのです」

と「みそ煮込みの角丸」の日比野宏紀さん。

だしの香りの違いは上級者でないとなかなか分かりにくいかもしれませんが、名古屋のきしめんはここでもやはり他の地域とは異なる個性があるのです。だしの香りも含めて、きしめんの魅力をしっかりと味わってもらいたいものです。

名古屋人がきしめんを食べないのはうどん店のせい？

先ほど（P161）、名古屋では「きしめん離れ」が深刻だと書きました。

事実、先にも記したように乾麺の生産量は長らく減少傾向が続き、市内のうどん店からも「注文が入らない」という声は数多く耳にしました。あまりに不人気だったため、ここ10～20年の間にメニューから外してしまった、という声もいくつかの店から聞きました。

きしめんの発祥は江戸時代で、名古屋めしの中でもとりわけ歴史のある食べ物のひとつです。しかし、この伝統ある一品は、新手のご当地グルメに押されて、こと地元で存在感が薄れている……。近年、この低落傾向にあったことはまぎれもない事実です。

しかし、2010年代後半になると長年の右肩下がりに歯止めがかかり、復権の兆しがはっきりと見られるようになってきました。それでもいまだに「きしめんなんて食べない」という人がこれまた地元で多いため、ここで誤解を解いておく必要があるでしょう。

さてその前に、なぜきしめんは食べられなくなってしまっていたのでしょう?

「私らうどん屋の責任でもあるんです」

と言うのは名古屋屈指の老舗である1897（明治30）年創業の「手打麺舗丸一《てうちめんほまるいち》」の清水恒彰さん。かつて、自分たちがお客さんに本当においしいきしめんを提供してこなかったことに原因がある、というのです。

そうなった要因は、皮肉にもうどん店が大いに繁盛した時代にあったといいます。

1970～80年代、うどん店は外食シーンの花形でした。今のように飲食店の業態がバラエティに富んではおらず、ファストフードやファミレス、ラーメン専門店、各種飲食チェーン、ましてやコンビニも本格的に台頭する以前。気軽に昼ご飯を食べたり、会社や自宅で出前を取るといえば真っ先に挙がるのが近所に必ず一軒はあるうどん店でした。

そのため、街なかのうどん店は昼時ともなれば常に満席。出前の注文もひっきりなしでした。引きも切らない注文をさばくため、この当時多くのうどん店が取り入れたのが製麺機です。従来の手打ちから機械打ちに切り替えて生産スピードをアップさせ、お客のニーズに応えようとしたのです。

この時、品質面で最も影響を受けたのがきしめんでした。当時の製麺機では麺の仕上がりが均質化しすぎてしまい、きしめん特有のなめらかだけど適度に凹凸があってつゆののりがいい、そんなデリケートな食感を再現し切れなかった、と当時を知る麺職人はふり返ります。

また、当時はどの店も当たり前のように受けていた出前も、きしめんには不向きでした。（先の「総本家えびすや本店」中山さんが言うような名古屋特有ののびにくい生地を使っているとはいえ）麺が薄いきしめんはうどんに比べてつゆを吸いやすく、お客が口にするときには半ばのびてしまっている、そんなケースが少なくなかったのです。

「そういうきしめんを食べたお客さんに〝きしめんはこんなもん〟、そう思われちゃったんです」。「手打麺舗丸一」の清水さんは自戒を込めてこうふり返ります。

このきしめんの評価急落の時代をリアルに体験したのが今の中高年。名古屋駅ホームの立ち食いきしめんを地元のオジさんたちが特にありがたがるのは、街なかのうどん店できしめんを食べなくなってしまった世代だからかもしれません。

名古屋めしブームの恩恵にもあずかれず存在感が薄れる

ちなみに名古屋のうどん店では、「きしめん」という独立したメニューは意外となかったりします。駅の立ち食い店以外は、きしめん専門店もほとんどありません。きしめんは、うどん店で注文するメニュー、その麺の選択肢のひとつという位置づけなのです。

品書きには「きつね」「玉子とじ」「天ぷら」など主に具の種類によるメニューが記され、その下に「うどん」「きしめん」が併記されていたり、「きつねうどん」などが並ぶ下に小さく「きしめん（そば）にもできます」と書かれたりしています。

もともと「今日はきしめんを食べよう！」という明確な目的意識をもって注文するものではないため、「うどんでいいか」と優先順位が下がってしまうともいえます。

ただし、「きしめん」で真っ先にイメージされる定番のトッピングもあります。それはふちの赤いかまぼこ（これも名古屋で生産され通称「名古屋かまぼこ」といわれます）、油揚げ、ほうれん草などの青物、そしてつゆの湯気でゆらゆらとゆれる花かつおの組み合わせ。このトッピングこそがきしめん、という解釈も一部ではあり、名古屋周辺では先の具をのせたうどんを「うどんきし（めん）」として出すうどん店も時折見られます。

きしめんは、名古屋めしブームの恩恵にもあまりあずかることができませんでした。多くの観光客は名古屋駅ホームの立ち食いで満足してしまい、ガイドブックに紹介されるのはごく一部の決まった店。うどん店の多くは地域密着で、観光客が流れてくることもほとんどありません。ラーメンのように熱心に食べ歩いてレビューするマニアもほぼ皆無で、〝きしめんのおいしい店〟の情報自体がそもそもなかったのです。

そんなきしめん冬の時代に、ニーズをうまく獲得した数少ない成功例が先の「総本家えびすや本店」です。

「2010年前後から周辺のホテルに営業をかけるようにしたんです。おかげで土曜祝日（日曜は休み）は外国人を含めて観光客が増えた。普段はきしめんの割合は全体の2割くらいですが、土曜祝は5割を占めるほどになりました。うちのきしめんは今、850円。地元の人はこの値段では食べてくれない。うちはもう食堂というより観光業になっています」（3代目・中山さん）

同店が観光客をターゲットにしたのは、繁華街のど真ん中という立地も活かしてのことでした。

これは同時に〝地元の人はきしめんを食べてくれない〟という割り切った気持ちがあってのことでもありました。

手間がかかるのに儲からないと店主も敬遠

不人気のせいで、店もきしめんを売る意欲をなくしていきます。

最大の理由は、先にも説明したように手間がかかること。薄くてしなやか、でもコシのあるきしめんを打つには熟練の技が必要。きしめんはうどん店にとっては独立したメニューというよりうどんやそばと並ぶ麺の選択肢のため、手間がかかるからといって割増料金は取りにくく、店にとって割が合わないものとなります。

また、もともと名古屋は観光都市ではないため、近所の常連がお客の大半である町のうどん店には、きしめん目当ての観光客が来ることもほとんどありませんでした。加えて、きしめんと並ぶご当地麺に味噌煮込みうどんがあり、こちらの方が麺打ちが容易で、なおかつ価格も高く設定しやすいため、店としてはどうしても味噌煮込みを優先することになります。

ちなみに名古屋市中心部のうどん店の平均単価はきしめん574円、味噌煮込みうどん882

円（名古屋市東区の東麺類組合調べ、2021年10月）。手間暇をかけた一杯が500円そこそこでは、積極的に売る気になれない店の気持ちも分かります。稀に同じ具がのったメニューでも「きしめんは＋50円」とうどんに追加料金を上乗せする店もあり、これは労力・技術力を価格に反映させた誠実な姿勢といえますが、その価値がなかなかお客には伝わらないのもまた実情です。

これらの理由から、店も積極的にきしめんをアピールしなくなり、地元の人ほどきしめんを食べない、食べないから真の魅力も知らない、という悪循環が続いていたのです。

きしめんV字回復 きっかけは業界全体の危機感

こんな状況に変化が見られるようになったのは、2010年代から。

きしめんが復権に向けて動き出したのは、きしめん離れがあまりにも深刻だったからでした。乾麺の平麺《ひらめん》の生産量は2009（平成21）年がどん底で、1990年代後半から実に6割も減。名古屋、愛知の関係者がこれに危機感を抱き、業界を挙げてきしめんをPRする様々な取り組みを始めます。愛知県製麺工業共同組合が中心となり、2008（平成20）年に「愛知県きしめん普及委員会」を発足。翌年に10月26日を「きしめんの日」に制定し、イベントなどを積極的に行うようになります。

２０１０（平成22）年には製粉メーカーの「金トビ志賀」などが中心になって、きしめんを海外へ売り込む「きしめん・でら・パスタ計画」をスタート。きしめんをパスタの平打ち麺に見立てミートソースやバジルと合わせたレシピを提案するなどし、その汎用性の高さをアピールします。

さらに２０１２（平成24）年には農協なども巻き込んで、きしめんなど名古屋の麺料理に適した愛知県産小麦・きぬあかりが開発されます。

このような多方面からの取り組みの成果が徐々に表れ、需要は少しずつ上向きに。乾麺の平麺の生産量は２００９（平成21）年の２２７６ｔを底にじわじわと回復し、２０１８（平成30）年には４５２０ｔにまで上昇するにいたっています。

〝きしころ〟の魅力できしめん復権が本格化

町のうどん店でも、２０１０年代半ばからきしめん復権に向けた取り組みが始まります。

そのきっかけとなったのは何とタレントのマツコ・デラックスさん、そしてここでも「きしめん離れ」でした。

「マツコ・デラックスさんの深夜番組で『きしめんが絶滅の危機に瀕している』と取り上げられることになり、スタジオで調理して食べてもらうことになったんです」

というのは「みそ煮込みの角丸」の日比野宏紀さん。時は2014（平成26）年秋のことでした。番組スタッフのリクエストは温かいきしめん。しかし、日比野さんは「それでは当たり前の反応しか得られない。マツコさんを驚かせるには絶対に冷たい〝きしころ〟（「ころ」は冷たいつゆをかけたきしめん、うどんを指す名古屋特有の呼び方）を食べてもらいたい！」と主張し、半ば強引に温・冷2種類のきしめんを用意することに。すると狙いは的中。初めて食べる冷たいきしめんにマツコさんはじめ出演者は「何これ？ おいしい！」と驚きとともに絶賛してくれたのです。

「番組での反応を受けてSNSで『きしめん』が話題になり、実際に店でも注文がたくさん入ったんです。この反響から、何か仕掛ければきしめんが盛り返せる可能性はまだまだあるんじゃないか、という気持ちになりました」（日比野さん）

そこで、日比野さんが中心になって同業者に声をかけ、翌年夏に開催したのが「きしころスタンプラリー」です。

「きしめんは〝ころ〟が一番うまい！　そう思って暑い夏にその魅力を体験してもらおうと企画しました」と日比野さんが言う通り、〝ころ〟はまさにきしめんの魅力を堪能するにはうってつけの食べ方。つゆが冷たい分、香りの立ち方が控えめになり、そのため、麺に意識を集中できるからです。麺も冷やしてしめることで、滑らかさやピンと張った弾力など食感がより際立ちます。同時にそれぞれの店の麺打ちの技術力が如実に表れ、食べ歩きの興味を促します。近年は手打ちに回帰したり、機械と手打ちの技術をうまく融合させている店も増えているので、各店の特色や実力を食べ比べながら感じることができるのです。

２０１５（平成27）年に始まった「きしころスタンプラリー」は以後、夏の恒例企画として定着。例年30~40店舗が参加し、参加者も年々増加の一途で、夏の2カ月の期間中に１０００杯以上が食べられるようになっています。その効果は夏の期間中だけにとどまりません。

「ラリーの参加店ではどこも『以前と比べ一年を通してきしころがよく出る』といった声も多いですね」（日比野さん）

かくいう日比野さんの店「みそ煮込の角丸」でもその効果は如実に表れています。

名古屋市内のうどん店を中心に毎年30～40店舗が参加する「きしころスタンプラリー」。“きしころ＝冷たいきしめん”の魅力できしめんの人気回復の原動力に

「10年くらい前は一日に一杯も出ないこともざらで、売れ残った麺を泣く泣く捨てていたほどでした。平均してもうどん：きしめんの注文数は20：1くらいだった。ところが、今はそれが逆転しています」と日比野さん。

「単にきしめんがうどんに取って代わっているのではなく、きしめんが名古屋のうどん屋にとって〝売れるコンテンツ〟のひとつになり、売上の底上げにつながっている。観光のお客さんに限らず地元の人でもきしめんを注文してくれる人が増えているんです」

観光客に尋ねるときしめんに対する期待値は決して低くはなく、これに近年は地元での再評価が上乗せされている感があります。きしめんの夜明けは近い……いや、既に陽は確実に上っていて、目端のきいた人からその兆しをつかんでいるのが、2020年前後からの動きといえるでしょう。

新鋭店の大ヒットできしめんブーム到来なるか？

2021（令和3）年、同スタンプラリーは過去最多の参加者を記録。その人気をけん引したのが新たに参加した「星が丘製麺所」（名古屋市千種区）です。同店は「きしめんを今一度名古屋のソウルフードに」をコンセプトに同年5月にオープン。機械打ち・冷凍でも生の手打ちと遜色《そん》ないクオリティの麺を開発し、チェーン化を見すえて開業しました。

カフェのようなおしゃれな店舗デザインや、見た目のインパクトがある幅広麺、そして何より確かなおいしさを武器に、一躍行列ができる人気店に。月1万食以上を販売し、さらに麺の卸販売や出店のオファーが殺到する大ブレイクを果たしています。

翌年6月には2号店となる久屋大通店をオープン。名古屋の繁華街・栄エリアに出店したことで名古屋駅からもグッと近くなり、観光客も立ち寄りやすくなりました。スタンプラリーにも2店舗ともに参加し、ラリーの参加者数はまたも最多記録を更新しました。

2021年5月にオープンした「星が丘製麺所」。カフェのようなおしゃれな店づくりで若い世代からの支持も得て一躍大人気店に（写真は2022年6月にオープンした2号店「星が丘製麺所久屋大通店」）

きしめん店に行列ができ、若者らで満席になる。「星が丘製麺所」のヒットは、きしめんシーンでかつてなかった〝事件〟でした。今後、チェーン化などブランド展開が進めば、いよいよきしめんブームが巻き起こるかもしれません。

同店の冷凍きしめんは、他業態でも扱いやすいのも大きな特長。例えば居酒屋がランチタイムだけきしめんを提供する二毛作経営に活用したり、飲んだ後の〆としてきしめんを出すのも店の特色を打ち出すのに有効です（実際に「星が丘製麺所」のきしめんを〆に出す居酒屋も既に登場）。単に一繁盛店の出現にとどまらない、きしめんを食べられるシーンの拡大こそが、「星が丘製麺所」の目指す野望であり、筆者も大いに期待しているところです。

「星が丘製麺所」のきしめんは近年ブームの幅広きしめん。もともと幅が広いきしめんをさらに広くして、舌にふれる独特の食感をより感じやすくしている

「星が丘製麺所」が提供しているような〝幅広きしめん〟も、近年のきしめん人気上昇の要因のひとつです。きしめんはもともと幅が広いのが特徴ですが、JAS規格が幅4・5㎜以上のところ、その倍以上の幅2～3㎝もある麺を出す店が増えているのです。

幅広きしめんは、見た目のインパクトがあり、舌に麺がふれる面積が多いためよりすべすべした食感があり、なおかつもちもち感もあり。一般的なきしめんとは異なる特徴があることから、きしめんの魅力のバリエーションが増え、食べ歩きの楽しみもより〝幅広く〟なっています。

このように今まさに「脱・きしめん離れ」の動きが本格化の真っ最中。「きしめんなんて食べない」なんて遅れてる、そんな時代がすぐそこまで来ているのです（!?）。

コラム

名古屋のきしめんを支える地元の製粉メーカー

名古屋のきしめんづくりを支えてきたのは現場の職人だけではありません。うどん粉に特化した地元の製粉会社が、きしめんに適した粉を手がけてきました。本編でもきしめんの解説をしてくれた「金トビ志賀」（愛知県蒲郡市）です。

同社は1917（大正6）年創業。主に愛知、岐阜のうどん店を取引先とし、シェアは実に7割を誇ります。製粉メーカーは普通、市場の大きなパン・菓子用の小麦も扱うものですが、同社はあくまでうどん粉専門。輸入小麦も使用する中規模クラスの製粉企業の中でも、うどん粉に特化したメーカーは全国に数えるほどしかなく、本州ではおそらく同社のみだといいます。

「ゆでのびのしにくさを重視した力のあるうどん粉が当社の特色。たんぱく質やグルテンの多いブレンドで、ゆでるとしっかり水分を含んで、ふくらみ具合がよくずっしり重みがある麺ができる。この粉と名古屋の職人の技術が組み合わさって、初めておいしいきしめんができるんです」と4代目の志賀重介さん。

名古屋のうどん店は、製麺機などを導入しつつも手打ちの工程を加えた自家製麺の店が多く、職人たちは粉の状態から自分の手でさわってその日の状態を確かめるそう。

「職人の感覚は非常にデリケートで、湿度や気温に合わせて粉の扱い方を調整します。うちの粉は手になじんで、〝大手の粉とは感触が違う〟と評価してもらっています」（志賀さん）

名古屋のうどん店と地元製粉メーカーの関係は、次章で取り上げる喫茶店とロースター（焙煎業者）や業務用パンメーカーとの関係とも共通します。うどん店も喫茶店も、材料を供給する地元メーカーと二人三脚で、地域独自の発展を遂げてきたのです。

外食産業の分野で地元の中堅メーカーの存在感が際立っているのは、この地域が経済圏として十分なスケールを有しているからともいえます。東海地方は首都圏、関西圏に次いで人口、市場規模が大きいため、地元メーカーがパイを分け合いながらも成立するのです。

名古屋、愛知は〝モノづくり〟の町といわれ、自動車などの製造業が真っ先にイメージされます。しかし、食の分野でもモノづくりの精神は存分に発揮され、食文化の発展を支えてきました。名古屋、愛知は重くて硬いものばかりじゃなく、軽やかでうまいモノも数々生んできたのです。

コラム

きしめん発祥説は間違いだらけ!? 歴史をくつがえす大胆新説

名古屋城築城の頃、まだつゆに入った麺料理はなかった！

きしめんの発祥にまつわる諸説の中で、最も広く知られているのが名古屋城築城の際にふるまわれた、という逸話です。大勢の職人に手早く提供できるよう、ゆで時間を短縮するために麺を薄くした。最大の特徴である薄さの理由を名古屋らしい合理主義に求めることで、説得力をもって伝えられてきました。

ところが、「この俗説は１００％間違いです！」と真っ向から否定する意見が。唱えるのは名古屋の歴史ライター、水野誠志朗さんです。

しかも「名古屋城築城のふるまい説」ばかりか、その他の「雉《きじ》麺」「紀州麺」「碁《き》子《し》麺」がルーツとする各説についても信ぴょう性に疑問を呈します。

「これらの俗説のうち文献で確認できるのは『碁子麺』のみ。室町時代初期や安土桃山時代の書物に『碁子麺』という文字が見つかります。しかし、これはきな粉をかけて食べる点心のような一品料理、酒のつまみのようなもので、現在のきしめんとはまったく別物でした」と水野さん。

さらに、日本の麺食の歴史をひもといていくと、先の俗説は時系列的に矛盾があるといいます。

「麺料理のつゆに欠かせない醤油が量産されるようになったのは安土桃山時代（1580年頃）。麺が汁に入った現在のようなうどんは1600年代初期に開発され、一般化したのは江戸後期の元禄時代のこと。したがってうどんと同様の食べ物であるきしめんが生まれたのも1600年代後半以降と考えられ、名古屋城築城時（1610年）にふるまわれたとの俗説はほぼ否定できるのです」（水野さん）

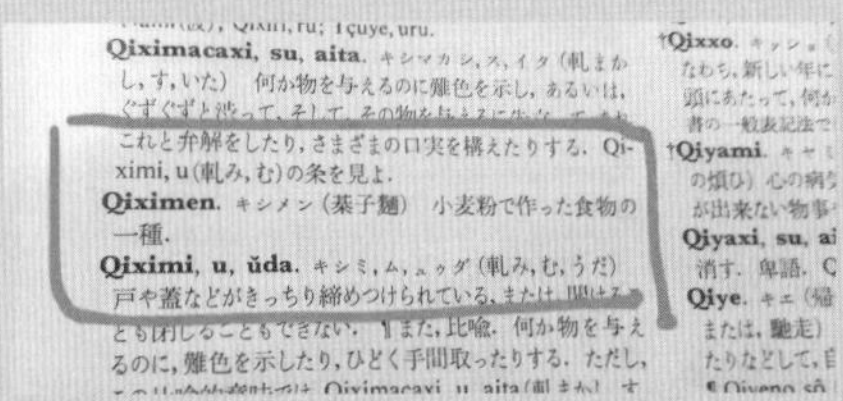
Qiximacaxi, su, aita. キシマカシ,ス,イタ（軋まかし,す,いた）　何か物を与えるのに難色を示し，あるいは，ぐずぐずと渋って，そして，その物を与えるになって，これと弁解をしたり，さまざまの口実を構えたりする．Qiximi, u（軋み，む）の条を見よ．
Qiximen. キシメン（棊子麺）　小麦粉で作った食物の一種．
Qiximi, u, ŭda. キシミ,ム,ユウダ（軋み,む,うだ）戸や蓋などがきっちり締めつけられている，または，開けることも閉じることもできない．¶また，比喩．何か物を与えるのに，難色を示したり，ひどく手間取ったりする．ただし，

1600年初頭のポルトガル語と日本語の対訳辞書にキシメンが!『邦訳　日葡辞書』（土井忠生・森田武・長南実編訳、岩波書店、1980年）

江戸時代の名古屋名物は「きしめん」ではなく「うどん」

そして、江戸時代の名古屋の名物はきしめんではなくうどんだった、とも。

「1700年代後半〜1800年代初めの文献に『尾張（名古屋）では饂飩《うどん》と酒が天下一』（『安永本邦萬姓司記』）、『名古屋の天王祭には家々がうどんをつくるのが恒例で、この地のうどんは甚だよろしい』（『羇旅漫録《きりょまんろく》』曲亭馬琴）と書かれています。1800年代には『きしめん』を出す店の記録が見つかりますが、残念ながら場所は三重県伊勢市や愛知県犬山市です」（水野さん）

〝名古屋のきしめん〟が史料に登場するのは江戸時代後期の1867年。当時の風俗史家の書物に「江戸でヒモカワという平打うどんを尾張名古屋ではきしめんという」（『守貞謾稿』喜田川守貞）との記述があります。ヒモカワというのは、現・愛知県刈谷市の芋川で生まれたいも川うどんを指し、この地では1600年代後半に既に名物だったと記録されています。

そしていよいよきしめんが名古屋名物となるのは明治時代。1888（明治21）年の『愛知県下商工便覧』に「一八うどん・きしめん」が名産品として掲載され、1902（明治35）年には泉鏡花が『名古屋見物』できしめんを「是は他に類が無かろう」と称賛しています。

ここまでの流れを整理して、水野さんはきしめんの誕生、普及を次のように推理します。

「麺料理としてのきしめんが文献に登場するのは1800年代初め。そこから少しさかのぼり、1700年代後半から平打ちのうどんをきしめんと呼ぶようになったと推察されます。ここからはあくまで想像ですが、名古屋のうどん屋が差別化を図るため隣の三河で名物になっている芋川うどんに目をつけ、信長の時代にあったらしい碁子麺の名前を拝借したのでは？　こうして1700年代終わり頃に、名古屋にきしめんが登場し、またたく間にブームになったのではないでしょうか」

水野さんのこの「新説・きしめんの歴史」は推測の部分もあり、あくまで仮説というべきもの。しかし、これまでまことしやかに語られてきた通説の不確かな部分を丁寧に検証したものであることは確かです。こんな歴史ミステリーに思いをはせながら食せば、きしめんがより味わい深く感じられそうです。

（協力／中日文化センター）

第4節 間違いだらけの名古屋の喫茶店

モーニングサービスやおつまみなどお得なサービスがてんこ盛り。軒数や支出額などのデータも軒並み全国トップクラス。

「名古屋の喫茶店」は、それ自体が地域独自の食文化で、モーニングは今や名古屋めしのひとつにも数えられます。

一方で、名古屋人気質の合理主義や倹約主義とからめた誤解も少なくありません。歴史文化や街づくり、周辺産業と合わせて、名古屋の喫茶店を正しく考察していきます。

あらゆるデータで全国トップクラスの名古屋の喫茶店

喫茶店王国と呼ばれる名古屋。店舗数や支出額など、様々なデータで全国の上位にランキングされます。

全国の喫茶店比較

順位	喫茶店数		人口1千人当たりの喫茶店数		人口1千人当たりの喫茶店従業者数		2019〜2021年の喫茶店代年間平均支出額	
1位	大阪府	8,680	高知県	1.46	愛知県	4.95	岐阜市	12,921
2位	愛知県	7,784	岐阜県	1.38	東京都	4.77	東京都区部	10,957
3位	東京都	6,710	和歌山県	1.13	岐阜県	4.74	名古屋市	10,320
4位	兵庫県	5,082	愛知県	1.04	大阪府	4.03	川崎市	9,358
5位	岐阜県	2,784	大阪府	0.98	京都府	3.93	神戸市	8,848
(参考)	全国	67,198	全国	0.53	全国	2.60	全国平均	6,522

〔総務省・経済産業省「2016(平成28)年　経済センサス - 活動調査」、2019(令和元)年〜2021(令和3)年平均総務省統計局調べ〕

都道府県別のデータとなりますが、店舗数は愛知県が7784軒で全国2位。

人口1000人あたりでは1・04軒で4位。人口1000人あたりの喫茶店従業者数は4・95人で1位(以上は2016年)。

年間平均支出額は主要都市別データで名古屋市が10320円で3位(2019~2021年平均)。

店の数も、喫茶店で働く人も、そして喫茶店で使うお金も、まんべんなく全国トップクラスなのです。

こうしたデータもさることながら、喫茶店王国と呼ばれる何よりの所以は、喫茶店が市民の生活に根づいていること。

名古屋を代表する喫茶店チェーン「コ

メダ珈琲店」に入ると一目瞭然なのですが、あらゆる世代が多様なシチュエーションで利用しています。シニアの憩い、ママ友の井戸端会議、ビジネスマンの商談、学生の自習、若者のデートなどなど……。

社会のインフラとして人々の暮らしの中に浸透しているのです。

独自のサービスやグルメに事欠かないことも大きな特色です。

ドリンクにトーストやゆで玉子が無料でついてくるモーニングサービス。ピーナッツやビスケットがこれまた無料でつくおつまみ。喫茶店発祥の小倉トーストに鉄板スパゲッティ。

「コメダ珈琲店」のシロノワールや「コンパル」のエビフライサンドといった人気チェーンの名物メニュー……。

地域固有の進化を遂げ、他の地域にはない楽しみが豊富なことが、名古屋の喫茶店自体が名古屋めしのひとつに挙げられる最大の理由といえるでしょう。

名古屋では、老若男女幅広い世代が多様な目的で喫茶店を利用する。今や全国屈指のチェーンとなった「コメダ珈琲店」が愛されるのも、名古屋人に連綿と受け継がれる"いっぷく"を大切にする精神があればこそ

喫茶店が多いのは名古屋の企業がケチだから⁉

名古屋市内の喫茶店軒数は3111軒（2016年経済センサス）。同じ年の人口230万4794人をもとに1000人あたりの軒数を割り出すと1・35軒となり、先の表でトップに挙げられる高知県の1・46軒に迫る数字になります（もっとも高知県も高知市でデータを出すともっと高くなりそうですが）。これは全国平均の2・5倍にあたります。

なぜ名古屋にはこんなに喫茶店が多いのか？

よくいわれる理由が、土地代の安さ、そして企業の倹約志向です。

1960〜70年代の喫茶店の開業ラッシュの時代、名古屋は都市部としては比較的不動産相場が低く、脱サラ組をはじめとする個人でも店を出しやすかったといわれます。

そしてもうひとつの理由が名古屋企業の倹約精神。「社内に応接室なんてもってぁにゃぁで（もったいないから）すぐそばの喫茶店で商談しやエエがね」。中小企業の社長たちのそんなシブチン気質のため、オフィス街などで多くの喫茶店が必要とされ、また繁盛したというのです。

名古屋の喫茶店ではコーヒーチケットも普及していて、10枚綴りで一杯分お得になるなど、常連の必須アイテムとして重宝されています。これを自分で携帯するのではなく、店にあずけて壁に貼っておいてもらうのもユニークな習慣です。リピーターにとっておトクなこともさることながら、応接室代わりに利用する企業にとっても都合のよいツール。これなら取引相手を前にして財布を出す必要がなくスマートです。名古屋でのコーヒーチケットの浸透は、喫茶店を商談に使う常連の企業が多かったからとも考えられます。

名古屋の喫茶店には欠かせないコーヒーチケット。店が預かるのが基本で、レジ周りに貼り付けられたりホルダーに差し込まれている。写真は「喫茶ニューポピー」(名古屋市西区)

　コーヒーチケットは割引のプリペイドカードで、しかも特売日を設けてさらにディスカウントして売りさばくケースもしばしば見られます。店側からすると単価を引き下げるものですが、ある老舗の店主いわく意外やそうならないからくりがあるのだとか。

「特売すると、近所の企業の社長さんとか常連さんがまとめ買いするんだよ。そういう人は知り合いに配ることが多く、もらった人は結局使わないことも多い。割引分は未使用分で大体相殺されるんだよ」

かつての喫茶店全盛期はこんな常連も少なくなかったよう。ずい分太っ腹に思えますが、中小企業の経営者にとっては飲み屋でおごるよりも安上がり。名古屋人は倹約家の割に見栄っ張りといわれます。

コーヒーチケットはそんな気質にぴったりマッチし、少ない出費でも気前のよさをアピールできる、費用対効果の高い交際ツールとしても活用されていたのです。

喫茶店好きの背景に茶の湯の文化あり!

名古屋に喫茶店が増えた理由に、このような合理主義や倹約精神があったことは確かでしょう。しかし、決してこれだけではないと筆者は考えています。名古屋人が喫茶店を必要とした、その根底にはこの地に伝わる〝茶の湯の精神〟がありました。

名古屋では、織田信長の時代から茶の湯が盛んでした。それに続く尾張徳川の殿様も代々芸事に熱心で、茶道にも通じていました。幕末には商人も茶会に参加し、自由な雰囲気の中で茶が楽しまれていたとの記録もあります。

広大な濃尾平野、水量豊富な木曽三川《さんせん》（木曽川・揖斐《いび》川・長良川）、そして高い晴天率（愛知県の年間日照時間は全国4位／2014年・都道府県格付研究所）。そんな恵まれた自然環境に加えて、尾張では江戸初期から灌漑《かんがい》・干拓事業が熱心に行われ、農地の開拓が進められました。そのおかげで農業の生産性が高く、江戸時代を通して深刻な飢饉はほとんどなかったといわれます。

そのため庶民の暮らしには比較的ゆとりがあり、お茶でいっぷくという習慣も広く根づいていました。戦前まではどこの農家にも野点《のだて》の道具があり、農作業の合間には田畑の脇でお茶を点《た》てる野良茶が楽しまれていたといわれます。

「名古屋は〝茶どころ〟。この野良茶が名古屋の喫茶店文化、おもてなし文化の原型ではないかと考えます」

と言うのは1916（大正5）年創業のお茶専門店「妙香園」（名古屋市熱田区）4代目の田中

名古屋では尾張藩政期から茶の湯が盛ん。和菓子文化も発展していて、生和菓子の出荷額は京都に次いで愛知が2位。喫茶店も和菓子店も多いのは“いっぷく”の文化が浸透している証だ

良知さん。

「農家さんが野良茶を楽しむ風景は今でもしばしば見かけます。戦国時代以降、尾張地方は茶の湯の中心地でした。武士だけでなく、商人や農民もお茶を楽しむ文化が浸透していたことが地域の大きな特色です」

茶葉、そして器と、お茶に関する産業が周辺地域で発達していたことも文化の発展につながったと田中さんは言います。

「愛知県には抹茶生産量日本一の西尾市があり、東には茶生産全国1位の静岡県、西には同3位で伊勢茶が有名な三重県、北には白川茶が有名な岐阜県がある。またお茶を飲むのに必要な茶わんや急須も、六古窯のうちの瀬戸と常滑がある〝焼物どころ〟で調達しやすい。自宅に茶室をつくる方も多く、お茶を楽しむ、お茶でもてなす文化が根づいているのです」

戦後は近代化にともない主要産業が農業から製造業へと移り、会社勤めの人も多くなりますが、人々のDNAの中には〝いっぷく〟を求める精神性が連綿と受け継がれていました。そこで必要とされたのが喫茶店です。

高度経済成長期に喫茶店は全国で急増しますが、とりわけ名古屋で店舗数が増えたのは、いっぷくする場所と時間を求める人が多かったからではないでしょうか？

1973（昭和48）年発行の『プレイナゴヤ』（名古屋タイムズ社）にも「もともと名古屋は茶

どころ。その肥えた舌が、全国的に名高い名古屋のコーヒーの味を育てたともいわれる」という記述が。喫茶店の多さやコーヒーのおいしさの背景に茶の湯があると、今から半世紀も前のグルメガイドでも記されています。

名古屋に喫茶店が多いのは名古屋の企業がケチだから。そんな身もふたもない理由よりも、「いや、実は茶の湯の文化が背景にあってね……」と話題を膨らませた方が、いっぷくのひとときをより豊かにしてくれることでしょう。

モーニングは名古屋人ががめついから広まった⁉

モーニングやおつまみなどのおまけサービスが浸透している理由についても、こんな風にいわれることが少なくありません。

「名古屋人はがめついもんで、おまけでもつけんと満足せんのだわ」

ようするに、お客にとってお得なおまけサービスは、お客が求めるために店側は渋々やらざるを得ないというのです。

しかし、これも元をただせば茶の湯の精神がある、と筆者は考えます。

茶の湯を源流とするいっぷくの文化が、多くの市民が喫茶店を必要とした理由でもありました。同時に、店を開く店主の側にも茶の湯を背景とするおもてなしの心が息づいていました。来てくれるお客さんに満足してもらいたい、そんな思いがあるからこそ、モーニングサービスやピーナッツなどのおまけサービスも、自然と広まったのではないでしょうか。決してお客さんが求めるからしかたなく……ではないのです。

名古屋の飲食店は何かと〝やりすぎ〟〝サービス過剰〟といわれますが、それもこれも全部、根っこに茶の湯の精神があるのです（!?）。

そもそも「名古屋人がケチだから……」という風評にも誤解があります（倹約志向で実利主義、という面が強いことは否定しませんが……）。

名古屋の喫茶店支出額は毎年の調査で必ず全国平均を大きく上回り、全国トップクラスを誇っています（Ｐ１８９）。喫茶店でコーヒーを飲む、という行為は〝いい意味での時間とお金の無駄遣い〟。喫茶店でのいっぷくをこよなく愛する名古屋人は、ケチどころかとても贅沢な時間とお金の使い方をしているといえるのではないでしょうか。

決しておまけサービスを強要するようなさもしい気持ちで喫茶店に足繁く通っているわけではないのです。

愛知のモーニング発祥は名古屋ではなかった！

名古屋の喫茶店の専売特許と思われがちなモーニングサービスですが、名古屋に先んじてサービスを始めた〝元祖〟と呼ばれる町が、同じ愛知県内にふたつあります。県北部・尾張地方の一宮市、そして県東南部・三河地方の豊橋市です。両市ともに昭和30年代前半から半ばにコーヒーにおまけをつけるサービスが始まり、それが地域全域へと広まったと伝えられます。

興味深いのは、それぞれ発祥の理由が異なり、また地域の産業との関係性が理由となっていること。

一宮市は繊維の町で、特に昭和30年代はその最盛期。町のいたるところに繊維工場があり、機織りの機械が1回ガチャンと鳴るごとに1万円儲かる〝ガチャマン景気〟にわいていました。商談も次々に舞い込んでいたのですが、ガチャンガチャンとやかましい工場内では会話もままなりません。そこで、先の名古屋企業と同様に、商談は近くの喫茶店で、となり、一宮では〝喫茶店が町工場の応接室〟になりました。

喫茶店にとって近所の繊維業者は、毎日のように同伴者とともに利用してくれる大事なお得意さん。その常連たちに少しでも還元しようと、コーヒーにピーナッツとゆで玉子をつけたのが一宮モーニングの始まりとされています。

一方の豊橋市では、最初にサービスの恩恵を受けたのは水商売の人たち。豊橋は駅前に飲み屋街が広がり、喫茶店もその界わいから広まりました。そのうちの一軒が、夜勤明けでコーヒーを飲みに来てくれるスナックやキャバレーの従業員に朝食代わりとなるトーストなどをつけた。これが豊橋モーニング誕生のきっかけだといわれます。

その後、豊橋では郊外にも喫茶店が増えるにしたがい、追加料金でどんどん内容が豪華になるモーニングセットが広まります。

これは農業が盛んな土地柄に合わせたもの（豊橋市の農業産出額は愛知県2位、全国9位／2016年）。農家は朝が早く、農作業が一段落してから喫茶店で朝食をとるケースが少なくありません。

肉体労働の後にトーストとゆで玉子では物足りないため、ボリュームのあるモーニングセットが人気を得るようになったのです。

このように喫茶店のモーニングは、地域の産業とのかかわりの中で発展していきました。これは、喫茶店が地域に密着した存在である証左ともいえるでしょう。

モーニングは一宮から繊維街経由で名古屋に伝播した？

名古屋でモーニングが広まったのも、やはり町の産業とのかかわりがありました。

モーニングがいち早く市民権を得た一宮市。そのお得なサービスの一番の利用者だった繊維業の人たちが、商品を卸すために日参していたのが、当時〝日本三大繊維街〟のひとつに数えられた名古屋の中心部にある長者町繊維街でした。彼らはそこでも当然、商談や休憩のために喫茶店を利用します。そこで、こんな風につぶやいたのではなかったでしょうか？

「名古屋の喫茶店じゃあコーヒー頼んでもパンも玉子ついてこんのきゃぁ？　一宮の方がサービスがええがや」

この当時、繊維街の一角で営業していた1957（昭和32）年創業の「珈琲　門」（現在は東区に移転。当時の店名は「喫茶　門」）の3代目・古川佳奈さんはこう証言します。

「長者町の喫茶店は早くからモーニングをつける店が多かったと聞いています。うちのおばあちゃんはタダが大嫌いな人だったので当初は拒んでいたのですが、周りがどこもやるようになったので、昭和40年前後にはモーニングサービスをつけるようになったようです」

一宮市で昭和30年代前半に誕生したといわれるモーニングは、その後名古屋にもあっという間に広まります。喫茶店激戦区ゆえにモーニングのサービス合戦も激しく、1965（昭和40）年に既に新聞で取り上げられています。

「喫茶店のモーニングサービスは客の人気を呼んでいるが、名古屋市内で〝一日一店開店〟という喫茶店の乱立からサービスが過剰になり乱戦の様相を見せている。特に喫茶店の密集する名駅、栄町などの都心部や千種、瑞穂、昭和、北区など新興地の店では〝トーストにタマゴ付きで七十円〟とか〝ショートケーキにバターピーナツつき〟といった出血サービスの激しさを見せている」（「名古屋タイムズ」1965年3月11日）

名古屋では1960年代に始まったモーニングサービス。この時代性を裏づけるのが名古屋屈指の老舗喫茶である「コンパル」のモーニングです。1947（昭和22）年創業で名古屋市内に9店舗を出店するコンパルは、ボリューム満点のエビフライサンドでも知られる名物喫茶。観光客の利用も少なくありませんが、同店には無料のモーニングサービスはありません。ハムエッグトーストがつくモーニングセットはありますが、ドリンク代に130円の追加料金が必要です。名古屋の名物老舗喫茶には、名古屋喫茶の名物〝モーニングサービス〟はないのです。

その理由を2代目の若田秀晴さんはこう説明します。

「先代の父からしたら、〝あれは後からできた新しい店が始めたサービス〟という感覚だったんじゃないでしょうか。おいしいコーヒーを出すことが一番のサービス、と考えていましたから。うちではおつまみのピーナッツもありませんしね」

コンパルは昭和40年代前半までに市内中心部に5店舗を出店。昭和37〜38年頃には名古屋の喫茶店の中ではいち早くサンドイッチのテイクアウトを始め、現在にいたるまで看板メニューとして人気を獲得しています。先の新聞記事が出た昭和40年当時、既に開業して20年近い歴史があった同店にとっては、モーニングは新興店の客引きサービスと映ったのでしょう。

とはいえ、名古屋喫茶では60年近くも前からモーニングサービスの導入が盛んになっていたことは、当時の文献や老舗の証言からも明らか。一宮市や豊橋市にやや遅れて始まり、それでもまたたく間に市中に広まったことはまぎれもない事実なのです。

ピーナッツのおつまみに歴史あり

モーニングと並ぶ名古屋喫茶のおまけサービス、おつまみ。ドリンクに小袋入りのピーナッツなどがついてくるごくささやかなサービスなのですが、こちらもモーニングに負けじとエピソードに事欠きません。

名古屋の喫茶店でおつまみとしてピーナッツをつけるサービスが始まったのは昭和30年代半ば。きっかけはピーナッツの茶色い薄皮を取り除く自動皮むき器が開発されたことでした。これによりメーカーの生産力は10倍にアップ。そこで販路を拡大しようと目をつけた先が、当時開業ラッシュにわいていた喫茶店でした。「ヨコイピーナッツ」（名古屋市港区）が売り込みにかかると、喫茶店側も続々と増えるライバル店との差別化にちょうどいい、と積極的にこれを採用しました。コーヒーとピーナッツの相性のよさから、このサービスはあっという間に名古屋中の喫茶店に広まります。広まりすぎて結局デフォルトになり、差別化にはならなかったというオチまでついています。

名古屋の喫茶店ではコーヒーなどのドリンクにおつまみがついてくるのが常識。小袋にピーナッツやあられが入っているものが主流で、他にビスケット、プチケーキ、チョコレートなどがついてくる場合もある。写真は「コメダ珈琲店今池店」

店にとっては原価が上乗せされて粗利を圧迫すると思われがちなピーナッツのおつまみですが、実は意外なメリットも。当時は苦いコーヒーに砂糖をたっぷり入れて飲むお客が多かったのですが、塩気のあるピーナッツはコーヒーの苦味と相性がよく、おつまみ導入後は総じて砂糖を入れる量が減ったのだとか。プラスマイナスで相殺されるほどではなかったと思いますが、トータルではピーナッツ代が丸々粗利を引き下げることになったわけではなかったようです。

ちなみに現在のおつまみはほぼ小袋入りになっています。ピーナッツに柿の種などのあられをミックスしてあるものも多く見られます。

この小袋入りが普及したのにも理由があります。

おつまみサービスの普及当初、ピーナッツは一斗缶で喫茶店に納品されていました。店主は大きな缶からピーナッツをすくって小皿に移し、お客に出していました。

これが現在のような小袋入りに取って代わられたのは、昭和50年代に流行った喫茶店の新サービスがきっかけでした。それはコーヒーのデリバリーです。それまでも商談などで頻繁に利用してくれていたご近所の企業向けに、コーヒーを配達するビジネスが流行したのです。企業としても大人数の会議となるとさすがに喫茶店を使うわけにはいかず、また当時は事業所向けのコーヒー自販機も普及していなかったため、これは格好の新サービスでした。

そして、利用する企業にとって、喫茶店のコーヒーにはおつまみがつくのが当たり前。デリバリーであろうとそれは変わりありません。しかし、ピーナッツを盛った小皿を配達用のおかもちに入れるのはスペースも取るし、こぼれやすい。そこであらかじめ小分けにした小袋入りが考案されたのです。あられなどの米菓を混ぜるようになったのは、ピーナッツよりも安価で原価を抑えられるから。プラ袋とそこに入れる作業コストは、それでほぼ相殺されることになりました。

この小袋入りのおつまみは、デリバリーサービスを取り入れたお店以外にも急速に広まりました。手間いらずで商品の管理も楽だったからです。さらには普及したのにはこんな理由も。一斗缶からピーナッツをすくってお客に出す方法だと、文字通り〝さじ加減ひとつ〟という印象を持たれるのか、なかには「まあちょっとちょう（名古屋弁で「もう少しちょうだい」）」とお代わりをねだる厚かましいお客もいたようです。小袋入りだとさすがに「まあひと袋ちょう」とは言いにくく、店にとってはおねだりされるわずらわしさからも解放されるため、小袋入りおつまみは都合がよかったのです。

ここで少し余談。

筆者は小野寺史宜さんの小説のファンなのですが、氏の作品には荒川沿いの町を舞台にしたものがいくつもあって、主人公はそれぞれ異なれど同じアパートや喫茶店が登場します。そこでしばしば挿入されるのが「喫茶羽鳥」のママが小袋入りのピーナッツを主人公に渡すシーン。「変な取り合わせで悪いわね」（『ライフ』）、「コーヒーにピーナッツっていうのも何だけど」（『いえ』）。このちょっとしたやりとりからも、東京の喫茶店ではコーヒーにピーナッツをつけるのは一般的でなく、同時にささやかなコミュニケーションツールになることが読み取れます。

閑話休題。

そんなピーナッツのおまけサービスは、名古屋を中心とした東海地方にほぼ限定されています。

なぜ他の地域では普及しなかったのでしょう？

「ヨコイピーナッツ」によると、名古屋以外の地域にも営業をかけたそうですが、粗利が減る、との理由であまり受け入れられなかったといいます。そう考えると、名古屋の喫茶店が積極的にピーナッツを採用したのは、競合店との差別化という目的だけでなく、やはりお客の満足度を高めたい、というおもてなし精神があったからではないでしょうか。

なぜ名古屋では喫茶店のコーヒーも〝濃い〟のか？

「名古屋の喫茶店のコーヒーは濃い！」

喫茶店好きの間でよくいわれるこの言葉。以前、喫茶店本の企画で対談した文筆家・喫茶写真家の川口葉子さんも「名古屋の昔ながらの喫茶店のコーヒーはどこも苦いですよね。濃くなくてはいけない、みたいな？」と驚いていました。

確かに古くから営業している店ほどこの傾向は強く、老舗の店主に聞くと「昔はもっと濃かったんだよ」という声もしばしば耳にします。

名古屋で最も歴史のあるロースター（焙煎業者）、「松屋コーヒー本店」（名古屋市中区）の会長・松下和義さんは、名古屋の喫茶店の軒数の多さがコーヒーの濃さにつながったと語ります。

「昔はとにかく豆をたっぷり使ったコーヒーがおいしいんだ、というお客さんが多かった。名古屋は店の数が多くて競争が激しいので、店側も特にその要望に応えようとする傾向にあったんじゃないでしょうか。普通なら4杯分抽出できる豆の量で3杯倍分しか取らないような店が多かったんです」

さらにコーヒーに入れるミルクにも要因が。

「東京ではほとんどの喫茶店が脂肪分の少ないエバミルク（無糖の練乳）を使っていましたが、名古屋ではフレッシュと呼ばれる乳脂肪分の高い生クリーム＝フレッシュが一般的。クリームが濃いからコーヒーも濃い方が合う。これが、名古屋の喫茶店のコーヒーは飲みごたえがあっておいしい、という評価にもつながりました」（松下さん）

コーヒーの濃さとミルクの濃厚さの関係は、老舗喫茶の「コンパル」がまさに象徴的。先の『プレイナゴヤ』（1973年）でも「濃いコーヒーで売っている」と紹介されている同店は、乳脂肪分50％のオリジナルのフレッシュを使用。「どちらも濃くないと味のバランスが崩れるんです」（社長の若田さん）と言います。

「『コンパル』さんをはじめ、『コメダ珈琲店』『支留比亜《シルビア》珈琲店』など地場のチェーンが特に焙煎度の深いコーヒーを採用し、また昔は特にネルドリップが好まれたため、〝名古屋＝濃いコーヒー〟のイメージが定着したのではないかと思われます」

とはやはり老舗のロースターである「富士コーヒー」の社長、塩澤彰規さん。これらチェーンとの差別化を図るためか、かつては浅煎りの需要も今より多かったそうですが、「1990年代後半以降の『スターバックスコーヒー』（名古屋1号店は1999年オープン）の進出以降、焙煎度の深いタイプの需要が一気に伸びました」といいます。西海岸から押し寄せたおしゃれなサードウエーブに、名古屋らしさをより打ち出したコーヒーで対抗しよう、そんな意識が業界全体で働き、ますます〝名古屋喫茶のコーヒー＝濃い〟という傾向が強化されたのかもしれません。

そしてそもそも名古屋人が濃いコーヒーを好む理由は、名古屋めしにあり！と筆者はにらんでいます。名古屋めしは先にも説明した通りどれもこれも味（うま味）が濃いので、食後に口の中をさっぱりさせようとすると、淡麗なコーヒーでは物足りず、ストロングな飲み口のコーヒーが求められます。特に昭和の喫茶店は、ビジネスマンのランチ後の休息、という需要が高かったため、味噌カツや味噌煮込みうどんを食べた後に、これらに負けない濃い口のコーヒーが好まれたのではなかったでしょうか。

おつまみのピーナッツが名古屋で爆発的に普及したのも、濃いコーヒーとの相性の良さがあったからともいわれます。濃いコーヒーの合間にピーナッツをつまむと塩気で口の中がさっぱりし、次のひと口がよりおいしく感じられるのです。

苦味とコクの強いコーヒー、濃厚なフレッシュクリーム、塩気のきいたピーナッツ、そして濃い口の名古屋めし。それぞれが関連し合って、名古屋の喫茶店のコーヒーの味がつくられていったといえるのです。

名古屋喫茶繁栄の陰に地元ロースターあり

名古屋に喫茶店が多い、その背景には地元ロースター（コーヒー豆の焙煎業者）の存在もあります。

名古屋は中堅クラスのロースターが非常に多い土地柄で、中部日本コーヒー商工組合には、名古屋をはじめ中部地方のロースター23社が加盟しています（最盛期の平成初期は72社）。１９０９（明治42）年創業の「松屋コーヒー」をはじめ、「富士コーヒー」「ワダコーヒー」「イトウコーヒー」「マウンテンコーヒー」「ボンタイン珈琲」などが群雄割拠。名古屋の街なかを歩くと、喫茶店の店先にこれらロースターの社名を記した看板があちこちに見つかります。これは全国的にも珍しい光景で、関東なら「キーコーヒー」、関西なら「ＵＣＣ上島コーヒー」と大手のシェアが圧倒的に高く、地域の多様なロースターの名前が見られる地域はめったにありません。

地元ロースターの多さは、先に述べた名古屋の喫茶店のコーヒーの濃さにもつながっています。名古屋のロースターは、地域密着のきめ細かいサービスで顧客の信頼を得ていきます。そのため、お客の好みに合わせたリクエストにも迅速かつ丁寧に対応でき、その結果、名古屋人好みの濃い口のコーヒーを出す店が増えていったと考えられます。

ロースターの役割は豆の卸販売だけにとどまりません。取引先である喫茶店を繁盛に導くためのコンサルティングも重要な業務のひとつ。とりわけ高度成長期の出店ラッシュの時代には、未経験の開業志望者も少なくなかったため、コーヒーの淹れ方からスタッフの派遣、経営指南まで、手取り足取り新米マスターやママをサポートする必要がありました。ここでもやはり地元だからこその緊密なバックアップが可能で、縁の下の力持ちとして名古屋喫茶の発展、隆盛に大きく寄与したのでした。

モーニングの発展の裏に地元パンメーカーあり

ロースターと並んで、名古屋の喫茶店の発展を支えたのが業務用パンメーカーです。

愛知県は約50社のパンメーカーがあり、その多くが喫茶店向けのパンを手がけている。写真は業務用パンメーカートップの本間製パン(愛知県小牧市)のパン工場

愛知県はパンメーカーもまた多い土地柄。名古屋市で大正期に創業した「フジパン」「敷島製パン」は堂々業界の2、3位（1位は東京の「山崎製パン」）。そして、戦後急成長したのが業務用パンメーカーです。愛知県パン協同組合には約50社が加盟。これら生産者にとって重要な取引先となり、飛躍の原動力となったのが喫茶店でした。昭和30～50年代の喫茶店開業ブームの中、名古屋・愛知は特に店舗数の伸び率が高く、競争が激化する中でトーストなどをつけるモーニングサービスが普及しました。ここでなくてはならない存在となったのが業務用パンメーカーでした。

　パン市場は一般小売りが圧倒的に大きく、業務用市場とは住み分けられています。他地域では、学校給食や病院、ホテルなどが業務用パンメーカーの主な卸先ですが、名古屋ではそれらと並んで喫茶店が大きな市場となっています。

　業務用食品というと〝量が多くて安い〟というイメージを抱きがちですが、喫茶店向けのパンについては決してそうではないといいます。

「〝リッチな味わいのパンを皆さんに食べてもらいたい〟。ホテル出身の創業者のそんな思いが原点です。喫茶店がインスタントコーヒーを出さないのと同じで、パンもプロが納得するおいしいものを使っているといえば分かりやすいのではないでしょうか」

こう語るのは「本間製パン」（愛知県小牧市　※創業地は名古屋市）営業部長の佐伯信哉さん。同社は東海3県の喫茶店のおよそ半数にパンを卸している地元のトップメーカーです。

スーパーやコンビニで売っている家庭向け量販品との違いは品質。業務用パンメーカーは独自の配達ネットワークや自社流通システムを持ち、できたてのパンが工場から直接喫茶店に届けられます。したがって消費までのスパンが短く、その分保存料などの添加剤を極力使わず、厳選した材料で香り高い風味のよいパンをつくることができるといいます。「本間製パン」では、食パンの標準的な価格は3斤で600円台。スーパーなら一斤100円そこそこで買えますから、喫茶店は少々価格が高くてもプロ仕様のこだわりのパンをお客に提供しているのです。

そして業務用パンメーカーの役割は、パンを喫茶店に卸すだけではありません。

「パンの切り方からおいしい焼き方、サンドイッチのつくり方までご希望に応じてアドバイスします。ご注文数が多ければ、そのお店オリジナルのパンを新たに開発することもあります」（佐伯さん）

鮮度の高いパンを配送するシステムも、パンメニューに関するアドバイスも、物理的に距離が近い地元メーカーだからできること。ロースターと同様に、業務用パンメーカーもまた名古屋・愛知の喫茶店を支えてきた存在なのです。そして、新鮮でおいしいパンを喫茶店に届ける地元の業務用パンメーカーがあったからこそ、モーニングサービスも広く普及・発展したといって過言ではありません。

コラム

小倉トーストはトレンドグルメ「あんバター」のルーツ

「あんバターじゃねぇ！　小倉トーストじゃ‼」

2020年頃からトレンドグルメとして注目度が高まっているあんバター。あんこ・バター・パンを組み合わせた一品で、カフェやベーカリーで人気を博しています。

2022（令和4）年2月には『マツコの知らない世界』（TBS系列）でも取り上げられ、そこでルーツとして紹介されたのが名古屋の小倉トーストでした。小倉トーストはパンにバターを塗るのが基本で、固形のバターをサンドするのが主流のあんバターとは若干見た目は異なりますが、発想はほぼ同じといえます。

名古屋発祥のメニューの進化版が最新流行グルメに。名古屋人としてはちょっと誇らしい半面、SNSでは複雑な思いを吐露するコメントも数々見られました。

「あんバターとかいってるけどこれは小倉トーストだよね」「あんバターじゃねぇ！　小倉トーストじゃ!!」「あんバター、小倉トーストの聖地は名古屋だと思う」「名古屋の小倉トーストをさんざん馬鹿にしてたくせに……」などなど。

小倉トーストはトーストであんこをサンドするのが基本。近年は上にのせたトッピング型、コメダ珈琲店のように自分であんこをのせるセルフ型も台頭している（写真は今はなき発祥店「満つ葉」からのれん分けし、現存する名古屋最古の喫茶店といわれる「喫茶まつば」｛名古屋市西区｝）

名古屋・東海地方の喫茶店の8割が採用

そもそも小倉トーストは喫茶店メニュー。大正末期に名古屋の甘味喫茶で考案され、その後周辺の喫茶店に広まりました。名古屋の喫茶店向けパンのトップメーカー「本間製パン」（愛知県小牧市）によると「愛知・岐阜、そして三重県の一部に普及していて、当社の東海地方の卸先およそ3500軒のうち8割で採用されています」（営業部・佐伯信哉さん）と、驚きの普及度を誇ります。

そして、名古屋では全国のあんバターブームに先んじて、人気が上昇していました。1972（昭和47）年創業「コーヒーハウスかこ花車本店」（名古屋市中村区）は、2010年代初めに4色の自家製ジャムをトッピングした小倉トーストを開発。するとSNS映えすると若い女性客が急増し、一躍行列店に飛躍しました。

コメダ珈琲店のモーニングサービス。このサービスで小倉トースト初体験した人は全国で相当数いるはず

また、同じく1972（昭和47）年創業の「珈琲処カラス」（名古屋市中区）は2018（平成30）年にテレビドラマ『孤独のグルメ』であんトースト（小倉トースト）が紹介さ

れると、これまた多くの観光客が訪れるようになりました。

人気の高まりを受けて、「お店独自のアレンジメニューや自家製あんを使った小倉トーストを提供する店が増えています」と「本間製パン」佐伯さん。同社は2021（令和3）年、同業の「永楽堂」（名古屋市）、「エースベーキング」（愛知県清須市）と共同で「小倉トースト100変化」なるプロジェクトを発足。フルーツや様々な食材をトッピングするなど100種のレシピを開発して無料公開し、これをメニューに取り入れている店もあるといいます。

コメダのモーニングで「あんこ＋バター」初体験!?

かつては名古屋特有の風変わりな食べ方と見なされがちだった小倉トースト。これが全国で親しまれるようになる下地をつくったのは「コメダ珈琲店」でした。コメダはP114でも紹介したように、当時既に全国に店舗が広まっていた2015（平成27）年に「選べるモーニング」を導入し、モーニングサービスでもパンに塗るおぐらあんを選べるようにしました。

北海道や九州など名古屋から離れた場所ほどおぐらあんを選ぶ割合が高くなると

いい、このコメダのモーニングで初めて小倉トーストを食べた人は日本中でかなりの数にのぼることは間違いありません。同時にこれをきっかけにあんこ+バターの相性のよさに気づいた人も少なくなかったはず。コメダによる名古屋流モーニングがなければ、あんバターがこれほど全国でブームになることはなかったかもしれません（?·）。

小倉トーストの存在感は、名古屋めしの中でも近年ぐいぐいと高まっています。なごやめし普及促進協議会のアンケート企画「1億人のなごやめし総選挙2022」では6位にランクインし、2015（平成27）年の12位から大きく順位を上げました。キヨスクの名古屋土産売り場でも関連商品が急増中。以前は名古屋めし系スナックは手羽先風味が大半だったところ、現在ではそれに続く一大勢力となっています。

小倉トーストの人気上昇があったからあんバターブームも起きたのか、あんバターブームに後押しされて名古屋の小倉トーストも盛り上がったのか？　いずれにしても両者が相乗効果をもたらしていることは確か。かつて「何でトーストにあんこのせるの?·」と冷ややかに見ていた人にも、和洋折衷のおいしさを是非味わってもらいたいものです。

第5章

「名古屋（めし）バッシング」再び!?

第1節　間違いだらけの「名古屋（めし）ぎらい」報道

ゼロ年代からのご当地グルメブームや地方への注目度の高まりで、ローカル代表ともいえる名古屋の存在価値も高まり、名古屋めしも一躍人気グルメに。

ところが、2010年代後半になると、再び名古屋&名古屋めしを叩くうねりが大きくなりました。

一体何があったのか？　その要因は何だったのでしょう……？

『週刊ポスト』が火をつけた「名古屋ぎらい」ムーブメント

ゼロ年代からのご当地グルメブーム、そして愛知万博をきっかけとする名古屋への注目度の高まりの中で、かつてはゲテモノ扱いされていた名古屋めしは貴重な観光資源としても認められるほどになりました。

ところが、ある時突如としてメディアによる名古屋バッシングが吹き荒れました。

『週刊ポスト』による「名古屋ぎらい」特集です。同誌2016（平成28）年8月19・26日号の巻頭カラー8ページにわたって組まれたこの特集、名古屋独特の文化・風習の紹介や関係者の証言などで構成され、「せこい、見栄っ張り、ダサい、パクる。全国から不満噴出」と、名古屋を徹底的にコキおろしました。

『週刊ポスト』の「名古屋ぎらい」特集。2016年8～9月の4号にわたって掲載された

この名古屋をディスる特集は4号にもわたって掲載され、9月9日号の第3弾では「名古屋ぎらい　世にも奇妙な『食い物』編」として、名古屋めし、名古屋の食文化も標的となりました。

ここで取り上げられているのはモーニング、小倉トースト、スガキヤ、鉄板ナポリタン、台湾ラーメン、あんかけスパゲッティ、手羽先、エビフライ、味噌おでん、さらに冷やし中華にマヨネーズをかける独特の食習慣など……。これらを「東京にはないから」「東京とは違うから」という理由で笑いのネタにする構成は、かつて名古屋がマスコミから揶揄の対象にされていた1990年代以前に逆戻りしてしまったかのような既視感を覚えます。

この「名古屋ぎらい」特集に便乗するような格好で、『週刊プレイボーイ』は同年9月19日号で特集記事「名古屋を襲う空前の大ピンチ!!」を掲載。同記事は「ガンバレ負けるな〝日本の中心〟」と副題がつけられ名古屋を応援するという体裁を取りながら、内容は名古屋のマイナスポイントを列挙する、『週刊ポスト』に類似するものでした。

続いて翌2017（平成29）年には『名古屋はヤバイ』（ワニブックス、矢野新一著）なる新書も刊行されました。帯には「セコイ、パクる、見栄っ張り　実は日本一の嫌われ都市　魅力のなさ、すべて書く」と、明らかに『週刊ポスト』の名古屋バッシングの流れを踏襲したフレーズが躍っています。

名古屋めしを知らない「名古屋ぎらい」記者

まるで先祖返りのような「名古屋ぎらい」報道。「日本一の嫌われ都市」「なぜ全国から目の敵にされてしまうのか」「日本中から散々な言われようの名古屋人」……。こんな執拗なバッシングも、ソースが不明で、一体どこで、誰が、どれくらい嫌っているのか肝心の論拠が見えないのですが、名古屋めしに対しても誤解にもとづく内容が目立ちます。

それを象徴するのが『週刊ポスト』「名古屋ぎらい『食い物』編」の冒頭の一文。

「名古屋めし。ひつまぶし、天むす、トンテキなどが有名だが」

この出だしだけで、同誌がいかに名古屋めしに関する知識が薄いかが明白です。この他、岐阜の郷土料理「鶏《けい》ちゃん」も、〝「名古屋めし」として紹介されるが他地方のパクリ〟とあげつらうために挙げられています。

しかし、名古屋めしの代表的な3品として、天むすはまだしもトンテキを挙げる名古屋人はまずいません。市内でトンテキや鶏ちゃんが食べられる店はごくわずかですし、ましてや「名古屋めし」とうたって出している店など、少なくとも筆者は見たこともありません（それでも書いているからには、ポスト記者氏はそういう店を見つけたのでしょう。超レアケースだと思うのですが、恐るべし名古屋ぎらいセンサーです）。

筆者は名古屋人約200人を対象に名古屋めしアンケートを行ったことがありますが、トンテキ、鶏ちゃんを名古屋めしとして挙げた人は1人もいませんでした（ちなみに天むすは13位）。

念のため実地検証も行いました。名古屋で鶏ちゃんを最も売っている飲食店はP102でも紹介した「かぶらやグループ」だと思うのですが、実際に食べに行ってスタッフに「これって名古屋めしなの？」とカマをかけたところ、「いえ、飛騨の郷土料理で名古屋めしとは別物です」ときちんと説明してくれました。

『週刊ポスト』はあんかけスパゲッティを「醤油ベースのあん」と書いていて、これも明らかな誤解です。あんかけソースはトマトベースのミートソースの一種であって、醤油ベースではありません。おそらく見た目から和食や中華のあんと同様に映ったのでしょう。醤油など使われていないにもかかわらず、「口に入れると醤油の香りが広がった」と感想をつづっているのですから、この一節だけで、特集全体が信頼に足り得るものか想像がつくというものです（ポスト記者氏が訪れた「そ〜れ」〈名古屋市中区〉に確認したところ、「醤油？　使ってないですね！」〈店主の金岡晃弘さん〉と一笑に付してくれました）。

あんかけスパは〝あんこ〟がのったスパ⁉

名古屋めしに関する間違いらだけの記述は、『週刊ポスト』に限ったことではありません。『名古屋はヤバイ』の著者である県民性博士の矢野新一氏は、Ｗｅｂサイト『アサ芸プラス』の記事「専門家が解明！名古屋はなぜこんなにも嫌われるのか？」（２０１７年４月６日）の中で、こんなトンデモ発言をしています。

「食べ物にはやたら餡子を入れる習慣もあるが『その代表が小倉トースト、あんかけスパゲッティで』」

……んんん？ これはあんかけスパゲッティと、「喫茶マウンテン」（P76でも紹介した、珍メニューで有名な名古屋の名物喫茶店）の甘口抹茶小倉スパを混同しているんじゃ？ くり返し説明していますが、あんかけスパゲッティの〝あん〟はとろみのあるミートソースで、間違っても餡子《あんこ》な

あんかけスパゲッティ（上）はあんこがのったスパ!? 明らかに喫茶マウンテンの甘口抹茶小倉スパ（下）と混同している。名古屋バッシング記事はバッシングありきで最低限のファクトチェックがなされていないものが多い

どのっていません。名古屋を笑いのネタにすることを目的化するあまり、こんな最低限のファクトチェックすら怠っているのが名古屋バッシング記事の実情なのです。

矢野氏は、同じWeb記事の中で、尾張藩の緊縮財政が、ケチで見栄っ張りな名古屋人気質を生み、「文化はムダから生まれる、という言葉がありますが、名古屋はムダを排除しすぎたため文化的思考が薄くなり、結果『おもてなし』的な部分が抜け落ちてしまったのかも」とも論じていますが、これもいささか乱暴な印象を受けます。

名古屋の歴史に詳しい蓬左《ほうさ》文庫の元調査研究員の松村冬樹さんによると「江戸時代は全国どの藩も財政は苦しく、尾張藩の緊縮策は適切な経済政策の範囲内だったと考えられます。何より尾張では深刻な飢饉はほとんどなく、庶民の生活にも比較的ゆとりがあり、煎茶や番茶でいっぷくする習慣も浸透していたようです」とのこと。

それを背景に発展したのが現在の喫茶店文化であり、名古屋市民の年間の喫茶店支出額はお隣の岐阜市とともに全国平均を大きく引き離して、全国トップクラスを継続しています。また、モーニングやおつまみなどのおまけサービスや、「コメダ珈琲店」に代表される長居をうながす空間作りやサービスはこれぞ〝名古屋流おもてなし〟として今や全国に広まっています。喫茶店に費やすコーヒー代や時間はいわば大いなるムダ。喫茶店文化が栄えている名古屋に対して〝ムダやおもてなし〟がないと断ずるのは、名古屋に対する〝ケチ〟〝文化不毛の地〟という旧来のレッテルによる先入観にとらわれすぎている感を否めません。

この他、『これでいいのか　愛知県』（マイクロマガジン社、２０１７年）にはこんな記述も。「物珍しさばかりが強調される『名古屋メシ』の多くは、聞くところによれば、東京と大阪に負けないよう名古屋独自のグルメを模索してできたメニューだという」「俗にいう『名古屋メシ』は、名古屋の古参住民からいわせれば『邪道』。名古屋の地元飯は本来インパクトが強いものではなく、『それでは東京や大阪に勝てない』と生み出されたメニューが今の名古屋メシなのだという」

本書をここまで読んでくれた方はお分かりかと思いますが、名古屋めしは東京や大阪に対抗しようとして創作されたものなどではまったくありません（仮にそうだとしたらもう少し洗練されたものを考案するんじゃないでしょうか？〈苦笑〉）。こんなふうに理解不足のままネガティブに論じる論調が目立つのには、残念さを禁じ得ません。

バッシング報道の背景にネットの修羅場化

ローカルの文化をポジティブにとらえるようになったはずのゼロ年代から、ほんの10年ほどで再び悪意をもったローカルいじりが息を吹き返してしまったのは、なぜなのでしょうか？

その背景には、インターネットに対する夢や希望が、失望に変わってしまった近年の動向があると感じます。

誰もが自由につながり、情報を共有し、趣味や嗜好が共通する仲間とのネットワークを広げていくことができる。ネット普及当初に多くの人が夢見た情報化社会の理想郷は、ゼロ年代後半の頃から理想とはかけ離れた殺伐とした空間へと変節していきました。毎日あちこちで炎上が起き、フェイクニュースが飛び交い、自分と異なる意見を排除し、多様性という言葉すらもそこから外れた言動を叩くための大義名分とされてしまう……。

日に日に息の詰まる空間へと荒《すさ》んでいくのと同時にネットは急速にインフラ化が進み、バーチャルとリアルの境界はシームレスになっていきます。そのためネット上で増幅するネガティブなマインドもまた、現実社会へと波及していきました。誹謗中傷の書き込みを引き金に自殺者まで出してしまう現状は、ネットと現実が地続きであることを極めて残念な形で証明しています。

名古屋めしに関しても、SNSなどで「パクリ」などのネガティブな書き込みが散見されるようになっていきます。この浅薄な批判が検証されることもなく拡散されていくという風潮の広がりが、マスメディアによる面白半分のバッシング報道にもつながっている気がしてなりません。

ネットの普及によって、現実世界でもローカルカルチャーの代表としてポジティブに評価されるようになった名古屋（めし）。しかし、皮肉にもネット空間の修羅場化によって、今度は再びリアルの世界でもバッシングのターゲットとなってしまったのです。

誤解だらけの「名古屋＝魅力がない」調査

一連の名古屋バッシングは、実は名古屋が自ら招いたものでもありました。

名古屋めしの話題から少々脱線しますが、名古屋人の気質が如実に表れた事象だったので、しばらくかいつまんで説明します。

引き金となったのは『週刊ポスト』「名古屋ぎらい」報道からさかのぼること2カ月前、２０１６（平成28）年6月末に発表された「都市の魅力やイメージ」アンケート調査です。名古屋市が全国8都市（他は札幌市、東京23区、横浜市、京都市、大阪市、神戸市、福岡市）を対象に行ったこの調査で、名古屋は軒並み低評価の憂き目にあい、「名古屋＝魅力がない」という結果が全国に喧伝されてしまいました。

Ｐ２２９のグラフで一目瞭然ですが、名古屋市は「魅力的に感じる」「行ってみたい」の項目でダントツの最下位。これがそのまま「魅力がない」「行きたくない」というイメージとして広まってしまいました。

そもそもこの調査は、名古屋市が行ったもの。観光都市としての魅力向上・ブランディングを図っていくための基礎情報として、現状の評価やイメージを把握しようと行ったものでした。

結果として皮肉にも本来の目的とは真逆のマイナスイメージが広まってしまい、名古屋の永年の課題である〝アピール下手〟が図らずも証明されてしまいました。

『週刊ポスト』の「名古屋ぎらい」特集が、この結果をもとに「魅力がない→不人気→嫌われている」とする論法から生まれたものだとしたら、まさに究極の逆効果としかいいようがありません。

ただし、あたかも「日本で一番魅力がない」かのように喧伝されてしまったこのアンケート結果ですが、これには根本的な誤解があります。

この調査の主眼は〝観光地として魅力があるか〟を測ること。調査項目も「買い物や遊びで訪問したいか」「買い物や遊ぶ時に訪れたいところ、体験したいこと」など観光的視点が中心となっています。調査対象も名古屋市以外は、札幌市、東京都23区、横浜市、京都市、大阪市、神戸市、福岡市の7都市と、日本を代表する観光都市です。全国の主要都市を網羅しているわけではありません。

つまり、アンケート結果は、〝名古屋は観光都市としては全国の人気都市と比べてまだまだ〟と受け止めるべきもの。一般にイメージされてしまっている全国ワーストといえるようなものではないのです。

都市ブランド・イメージ調査

〔2016（平成28）年　名古屋市観光文化交流局調べ〕

シビックプライド（愛着・誇り・推奨について）

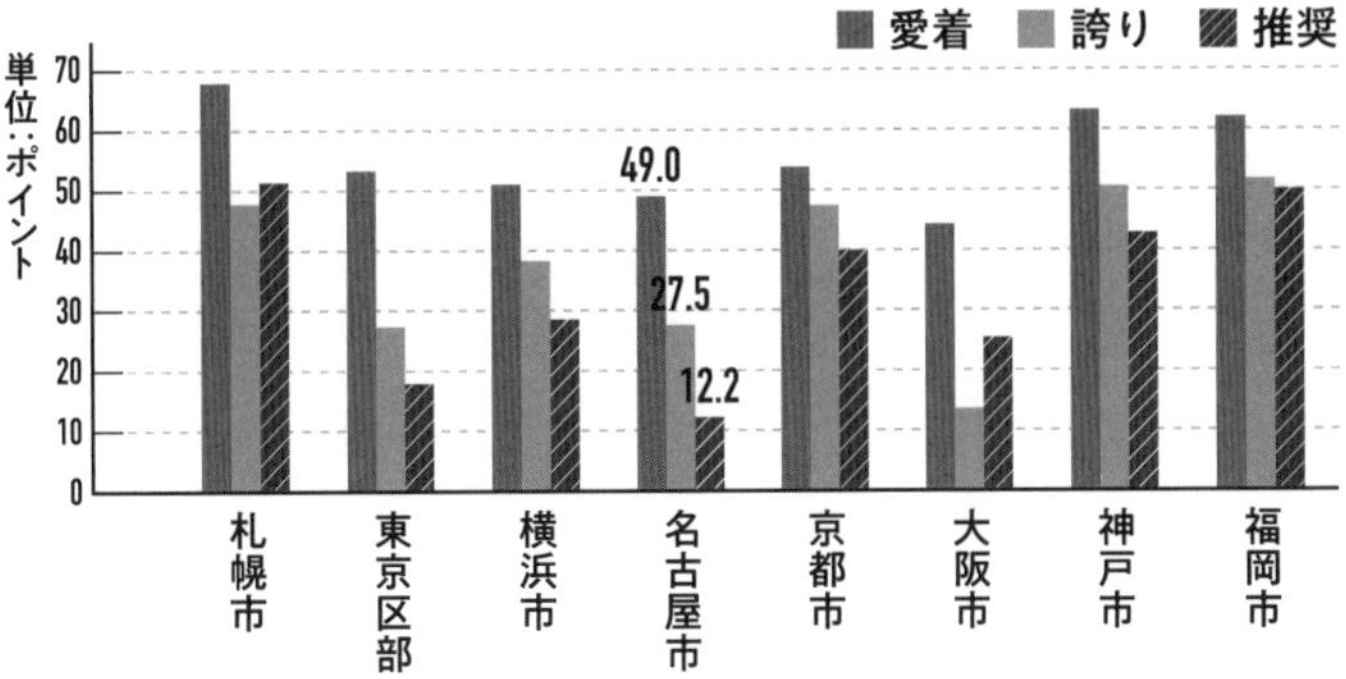

魅力（8都市の中で最も魅力的な都市、魅力に欠ける都市）

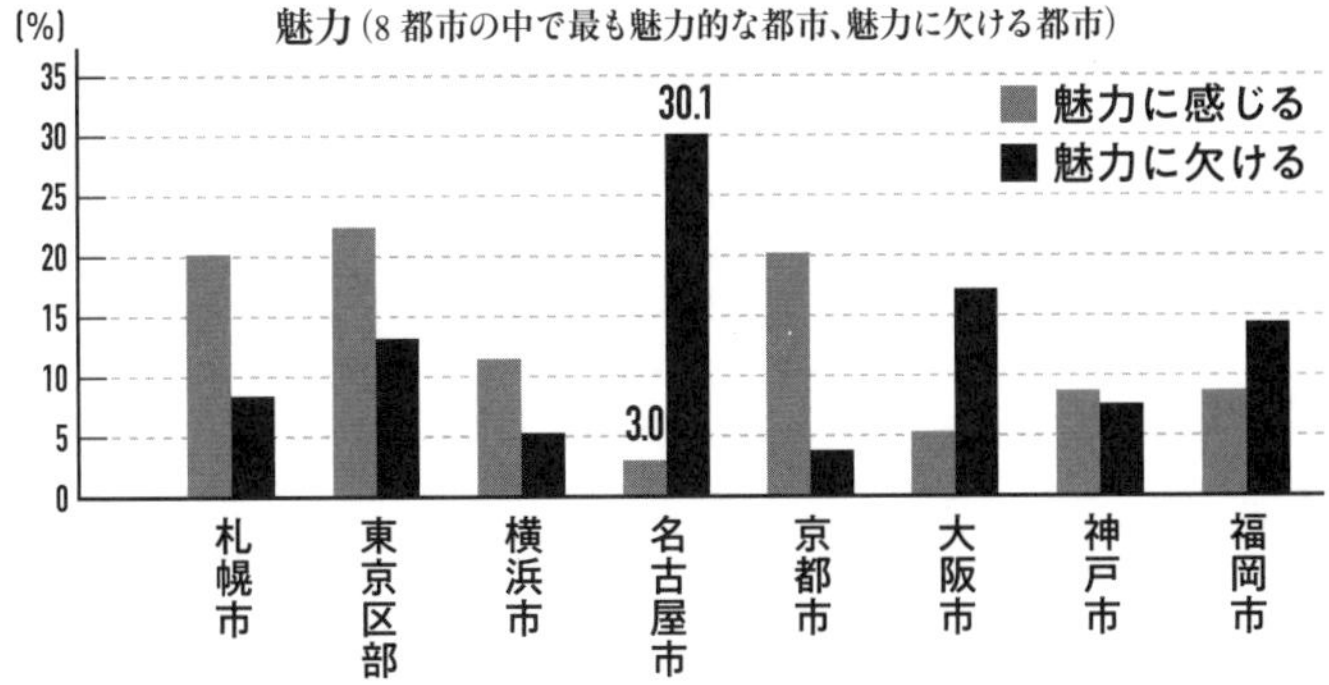

訪問意向（各都市について買い物や遊びに行きたいと思いますか？）

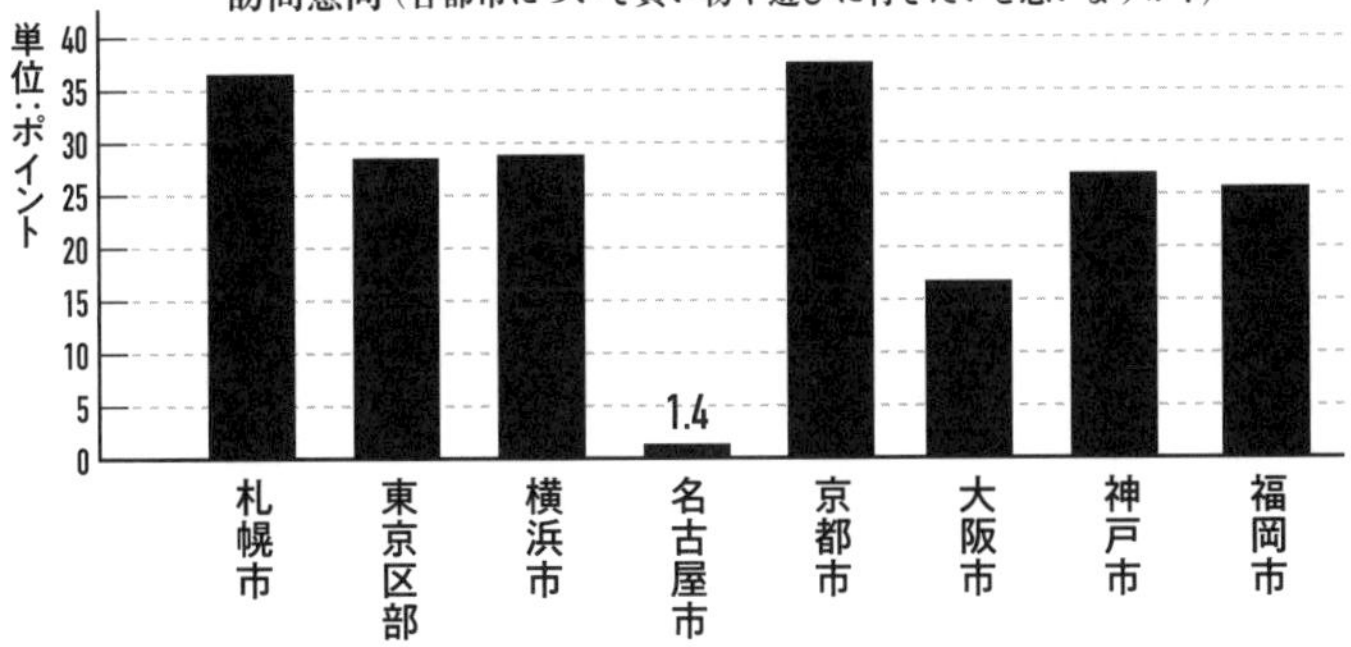

名古屋人の「しょうがない」が誤解を呼び寄せる

このようなアンケート結果を招いたのは、名古屋人の気質にも原因がありました。問題の根っこは、名古屋がダントツに最下位に沈んでいるグラフB、Cよりも、むしろグラフAにあります。B、Cが他の都市から見た名古屋のイメージなのに対して、Aは各都市の住民の自己評価。ここで名古屋は「愛着」8都市中7位、「誇り」同6位、「推奨度」同8位とことごとく下位。

とりわけ「推奨度」についてはトップの札幌市の1／4以下。つまり、名古屋人は自分の町を〝推す〟という気持ちに欠けているのです。製造業の強さで経済的に潤ってきたせいもあって、観光客に来てもらおうという意識にも乏しいのです。

B、Cのアンケートの不人気も、Aの自己評価の低さにこそ原因があると感じます。なぜなら、地元民がお薦めしてくれない街に〝行ってみたい〟と思ってもらえるわけがありません。自分の町に誇りを感じない、アピールする気がないといった気質が不人気につながり、ひいては面白半分のヘイト報道をも誘発してしまったとしたらきわめて残念です。

しかし、（一部の）名古屋人が望むと望まないとにかかわらず、名古屋には多くの観光客が訪れています。

愛知万博以降はずっと右肩上がりで、名古屋市の観光入込み客延べ人数は2006（平成18）年＝5317万人→2019（令和元）年＝7299万人と10年あまりで4割近くもアップしていました。コロナショックで急ブレーキがかかってしまいましたが、名古屋市、愛知県ともに今後も観光に力を注いでいく方針に変わりはなく、名古屋めしがその重要なコンテンツであることは揺るぎません。

名古屋経済を支えてきたトヨタだって、モビリティ産業の激変期にあって未来永劫安泰とはいえないのですから、製造業の強さにあぐらをかいていられる時代ではありません。たくさんの人が名古屋に来てくれる以上、ホストたる名古屋人は、名古屋めしを自らおいしく食べ、正しく知り、自信をもって勧めていく必要があるのです。

「名古屋＝魅力がない」というアンケート結果が報道された際、地元では「しょうがない」という反応が目立ちました。

そして「名古屋ぎらい」報道に対しては「勝手にいわせときゃええわ」と努めてスルーしようとする人が多くを占めました。

こうした姿勢は、過去の名古屋めしがゲテモノ扱いされていた時代も同様でした。余裕ぶって相手にしないという態度が、結果として地域の文化に対する大いなる誤解を招き、そして論拠に乏しいバッシングを引き寄せてしまう。

いまだに名古屋めしが誤解だらけである状況は、世間に流布する誤った情報を正してこなかった当の名古屋人にこそ責任があると感じます。

「名古屋＝魅力がない」アンケートや「名古屋ぎらい」報道など、いささか旧聞に属する話題をあえてここで取り上げたのは、間違いは間違いと指摘し、できるだけ正しい情報を提示する必要があると考えるからなのです。

第2節　「名古屋めしはパクリだらけ」を徹底検証！

「名古屋めしはパクリだらけ」。

名古屋バッシング記事の中で目立つのがこのフレーズです。

天むす、味噌カツ、ひつまぶし……。

これらは果たして名古屋以外が発祥なのでしょうか？

元祖といわれる各地を訪ね、そのルーツを探っていきます。

初耳の話題だらけの「名古屋めしパクリ」説

名古屋バッシング記事の中で目立つのが、名古屋めしが他地域の料理のパクリだ、とするもの。先の『アサ芸プラス』記事でも、矢野新一氏が「実はパクリだらけ」だと言い切り、こんな風に続けています。

「味噌カツ、トンテキ、ひつまぶし、手羽先、天むす……ひつまぶしは大阪由来だし、味噌カツとトンテキも三重県が発祥地。喫茶店のモーニングだって、一宮市や豊橋市が発祥とされています」

これも首をかしげたくなる発言です。

トンテキは先にも述べたようにそもそも「名古屋めし」とうたっている店は見たことがありません。手羽先が名古屋以外が発祥というのも初耳です（元祖をうたう「風来坊」の創業者が九州出身だからでしょうか？）。ひつまぶしが大阪由来というのも信ぴょう性に疑問符がつきます。大阪では鰻丼を「まむし」丼と呼び、これは蒲焼をごはんとごはんの間にはさんで蒸すことから「間蒸し」と呼ばれたとする説が有力。名古屋のひつまぶしとよく似た、細かく刻んで汁と一緒にごはんにまぶす、という食べ方が由来との説もありますが、少なくとも現在の大阪のうなぎ店で一般的なものではなく、大阪のまむしが名古屋のひつまぶしのルーツとするのは根拠に乏しいと感じます。

喫茶店のモーニングに関しては、同じ愛知県の一宮市、豊橋市の方が名古屋よりも早かったことはおそらく確か。このあたりの事情は第4章でも述べています。名古屋が「元祖」「発祥」と主張しているわけではないのですから、近しい地域にならって採り入れたサービスを〝パクリ〟だと非難するのは、ほとんど言いがかりとでもいうべき物言いです。

味噌カツ、ひつまぶし、天むすについてはSNSでもしばしば同様の意見が見られます。この3品の元祖問題は、この後、ルポ形式で検証していきたいと思います。

天むすは三重県津市からの〝のれん分け〟が名古屋でブレイク

まずは天むすです。

発祥といわれるのは三重県津市の天ぷら専門店「千寿」。創業から間もない昭和30年代、ここでまかない飯として考案されたのが天むすです。名古屋めしのイメージが広まったのは、昭和50年代に名古屋・大須にのれん分けでオープンした「千寿」が芸能人をファンとしてつかんだからです。「昭和30年頃に開店し、3〜4年後にはほぼ天むすの専門店になっていたようです。童謡『およげ！　たいやきくん』が大ヒットした昭和50年頃、隣のたいやき屋さんと同じくらい、行列ができていたことを覚えています」と津市「千寿」3代目の福田尚美さん。

名古屋発祥という誤解も少なからずあることについては、こう説明してくれました。

「大須の『千寿』さんが人気になって、他にも名古屋で天むすを出すお店が増えたんです。そこで〝津に本店がある千寿が元祖です〟という意味で、大須のお店が〝元祖〟とうたったところ、〝大須の千寿が元祖〟と誤解されてしまったようです」

三重県津市の「千寿」からのれん分けした大須「千寿」の天むす。同店のヒットで“天むす＝名古屋名物”のイメージが広まった

自分の店から伝えられた食べ物が〝名古屋めし〟と呼ばれていることについては、「たくさんの方に気に入っていただいているということですから、嫌な気持ちはしないですよ」と福田さん。しかし、「聞かれたら、〝名古屋めし〟ではないんですよ、とお答えしています（笑）」とのことでした。

大須の「千寿」も訪ねました。「津の『千寿』の奥さんのところへ通ってつくり方を教えてもらい、お店の名前をいただいてオープンしたのは昭和55（1980）年。最初の2年くらいは全然売れませんでした」と創業者の藤森晶子さん。

「ある日、地元のテレビ局が飛び込みで取材に来て、それが

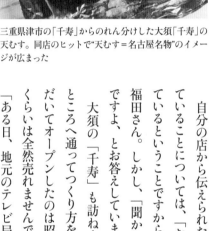

すごい反響でね。それから芸能人の方々が差し入れを食べて気に入ってくださって。いろんな人が宣伝してくれて、売れるようになったんです」と解説してくれました。

名古屋めしと呼ばれていることについては、「(天むすは名古屋めしと)周りが勝手に言っているだけで、自分でそう言ったことはありませんからね。津の皆さんが怒っていないか心配なんですよ」と、修業先の地元を気づかってくれました。

このように名古屋が発祥ではありませんが、名古屋での大ヒットがご当地の名物に押し上げたことは確かです。出自も確かで〝パクリ〟と呼ばれるようなものではないといえるでしょう。

また、「千寿」の他にも名古屋で早くから天むすが考案されていたという説もありますが、名古屋名物として知られるようになったのは大須「千寿」のブレイクがきっかけ。名古屋めしとしての天むすのルーツは、津の「千寿」と考えるのが自然だと考えられます。

味噌カツの元祖？ 三重県津市では昭和40年発祥

続いて味噌カツです。ネットでも数多く見られる「名古屋の味噌カツがパクリ」という主張の多くは、「三重県津市に元祖の店があるから」というのを根拠としています。

その「元祖」と呼ばれるのが「カインドコックの家カトレア」です。メニューには「1965年頃まだ洋食が一般的に親しまれていない頃、日本人に親しまれ愛される洋食メニューをと思い、考案され当店で誕生したのがみそカツです」と書かれ、これが「元祖」とされる理由になっています。

確かに、これだけ読むと元祖と主張しているように思えますが、店主の谷一明さんに聞くとこんな答えが返ってきました。

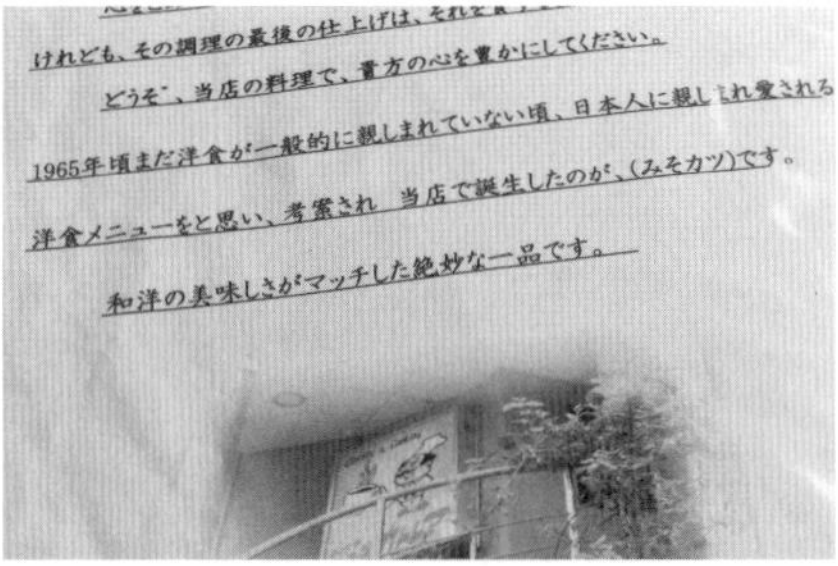
けれども、その調理の最後の仕上げは、それを
どうぞ、当店の料理で、貴方の心を豊かにしてください。
1965年頃まだ洋食が一般的に親しまれていない頃、日本人に親しまれ愛される
洋食メニューをと思い、考案され　当店で誕生したのが、(みそカツ)です。
和洋の美味しさがマッチした絶妙な一品です。
三重県津市の「カインドコックの家カトレア」は昭和40年創業。メニューブックの記述からは“元祖”というようにも読み取れるが…

「元祖とはうたっていませんし、元祖かどうかは分かりません。味噌カツが名古屋めしといわれることも別に何とも思いません」

1940（昭和15）年生まれの谷さんは15歳で洋食の世界へ。当時、洋食は高級料理で、自分の知り合いが食べに来られるようなものではなく、もっと気軽に食べられる洋食をと思い、20歳の時に味噌カツを考案したといいます。しかし、職場の先輩たちには「洋食に味噌は使わない」と相手にしてもらえなかったそう。その後、25歳で独立して、自身の店で晴れて味噌カツをデビューさせたのでした。

愛知県産の三州味噌をブイヨンでのばし、さらっとした口あたりは味噌ダレというよりソースのよう。ひと口目は甘く感じますが、ピリッと引き締まった辛みもあり。名古屋では食べたことがないオリジナルの味わいです。あくまで洋食メニューの中のひとつ、という位置づけながらお客の6割は味噌カツを注文するそうです。

「味噌を洋食の中に採り入れることでひとつの食文化になれば、と考えました。名古屋で味噌カツが食べられているのも文化の発展なのでいいことだと思いますよ」。こう気負いなく語る谷さんからは、自ら考案したメニューに対する誇りと自信が伝わってきます。

ちなみに津市観光協会によると、津市内で味噌カツを目玉として提供する店は他に1店舗くらいしかなく、名古屋では当たり前の味噌串カツを食べる習慣もほとんどないそう。

津市観光ガイドブックに「名古屋のイメージの強い味噌かつですが、洋食屋の味噌カツとして1965年にカインドコックの家カトレアで生まれました」と記載されていることについては、「名古屋の味噌カツが一般的な味噌カツだと思いますが、カトレアさんの味噌カツもおいしいので地元の

「カインドコックの家カトレア」の味噌カツ。味噌ベースのさらっとしたソースが衣をしっとりと包む。名古屋ではお目にかかれないタイプの味噌カツだ

人にとっては自慢なんです。津の人はあまりぐいぐい自己主張する気質がないので、せめて味噌カツは発祥の地だと思いたいんです」（同協会・川村暁洋さん）とけなげな胸の内を明かしてくれました。

岐阜市の「元祖みそかつの店」は昭和32年創業

のれん、看板に「元祖みそかつの店」をうたう
岐阜市「一楽」は昭和32年創業

「味噌カツの元祖は岐阜」。ネットではそんな意見も散見されます。その根拠となっているのが、岐阜市で「元祖みそかつの店」をうたう老舗の存在。１９５７（昭和32）年創業の「一楽」です。

「祖父が創業した当時から味噌カツを出しています」と3代目の山口一徳さん。「元祖」とうたう理由についてはこう語ります。

「発祥かどうかは厳密には分かりません。このへんでは、どて鍋の味噌を串カツにかけたりつけたりして食べる文化は昔からあったようですし、当時は他の店の情報もありませんでしたから。でも、うちの味噌カツは祖父が独学で研究してつくったオリジナル。新しいジャンルだと自信があって『元祖』としたのでしょう」

岐阜は名古屋・愛知と文化的に近しく、ほとんどのエリアで豆味噌が食されます。そのため味噌カツも非常にポピュラーで、「岐阜市だと〝トンカツ屋＝味噌カツ屋〟で、うちの店ではソースで食べる人は1割もいません。周辺の美濃市や関市あたりでも同様だと思います」と山口さん。

味噌は名古屋・盛田の（業務用）八丁味噌を使用。焦げる寸前の黒に近い色になるまでじっくり火を入れて、香ばしさとコクを出す製法はデミグラスソースを彷彿させます。この味噌ダレのこってりしたコクを活かすため、肉はあえてあっさりしたもも肉を使っています。ごはんがわしわしと進む相性のよさは、たっぷりかかった味噌ダレの魅力があるからこそです。

現店主の一徳さんは20歳から店に立ち、自分の代になってから、中学生の頃まで親しんできた祖父の味にあらためて戻したといいます。

深みのあるおいしさの奥には、おじいちゃんが「元祖」と名乗った自慢の味を守り残そうという3代目の心意気が秘められているのです。

名古屋の「元祖みそかつ丼の店」は昭和24年開店

名古屋にも味噌カツの元祖をうたう店があります。1949（昭和24）年創業、「元祖みそかつ丼」と看板に掲げる「味処　叶《かのう》」（名古屋市中区）です。

「戦後に開店した当時は割烹料理が主体でした。味噌カツ丼はランチ限定のメニューとして父が考案しました。戦前、父の祖父が浅草で蕎麦屋をやっていて天丼も出していた。子供の頃から店を手伝っていた父は、天丼のタレをヒントに、醤油の代わりに味噌を使うことを思いついたと聞いています」と2代目の杉本徳雄さん。

杉本さんが店に立つようになった平成の初め頃から味噌カツ丼の評判が広がり、これを求めて遠方からのお客も目立つように。当時は看板もなかったため、2000（平成12）年を過

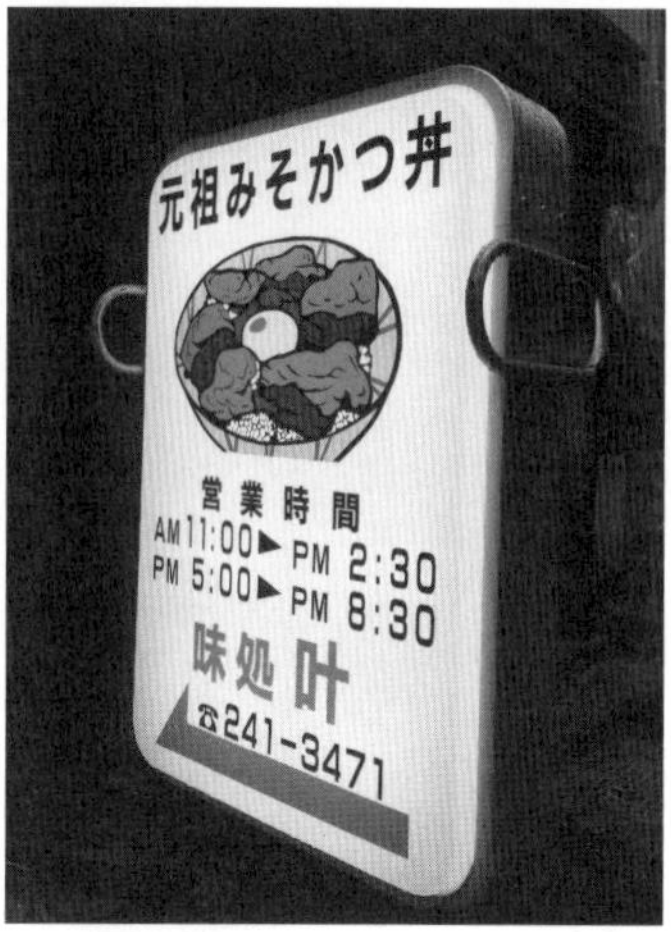

名古屋市の「味処　叶」は「元祖みそかつ丼」をうたう。昭和24年創業

ぎた頃に現在の「元祖みそかつ丼」をうたった看板を店先に出すようになったといいます。

味噌カツは、戦後の屋台でどて煮の鍋に串カツを浸して食べたのが発祥という説が有力ですが、杉本さんは「味噌カツ丼が先で、その後別盛りの味噌カツになったと思います」と主張します。同店の創業も戦後間もなくですから、味噌串カツが食べられるようになったのと時期はほとんど同じ。和食の天丼をヒントに生まれたという点でも、独自の発想で生まれたことは間違いないでしょう。

大正2年創業・名古屋最古の洋食店では戦前から?

名古屋では他にも古くから味噌カツを出していた、食べていた、という証言は少なくありません。味噌カツのナンバーワンブランドである「矢場とん」は、戦後の屋台でどて鍋に串カツをドボンと浸して食べたのをヒントに1947(昭和22)年の創業時にメニュー化したとHPでうたっています。

1945(昭和20)年創業の「気晴亭《きはるてい》」(名古屋市中区)は「終戦直後に洋食店として創業し、味噌ダレは当時から注ぎ足して使っているものなので、味噌カツもかなり早い時期から出していたはず。記録こそ残っていませんが、味噌カツに使っている味噌ダレが昭和20年からのものであることは確かです」（3代目・加藤慎二さん）と語ります。

現存する市内最古の洋食店、1913（大正2）年創業の「ラク亭」（名古屋市東区）も「記録は残っていないけど、戦前には味噌カツを出していたらしいですよ」（3代目の加藤俊之さん・富子さん）と言います。「洋食メニューとしてつくった」という味噌カツは、味噌ダレをかけるのではなく小鉢に別添え。岡崎・カクキューの八丁味噌にザラメと一味を加えてあり、まろやかな甘みと引きしまった辛味があります。さらにお好みでゴマをすって入れると香ばしく。さらっとしている上に、好みの量だけカツにつけて食べられるので、カリッと揚げた衣の食感もあわせて楽しめます。

グルメガイドで味噌カツが一般化するのは昭和50年代

筆者が調べた限りでは、名古屋の飲食店のメニューとして味噌カツが紹介されている最も古い記録は1970（昭和45）年発行のガイドブック『名古屋味レーダー』。先の「気晴亭」のとんかつの欄に「お手前（味噌たれで食べる）」と書かれています。

この他、1973（昭和48）年発行の『プレイナゴヤ』では「意外に多い味噌料理」の章があるものの、紹介されているのはどてやき、みそおでん、いなまんじゅう（ボラの若魚のイナの腹に味噌をつめた料理）で味噌カツの記載はなし。1976（昭和51）年発行『名古屋の味』ではエスカ地下街の「珍串」の味噌串カツが「ソースを使わず〝味噌たれ〟を用いているのが珍しい」と記されています。味噌カツがいくつもの店のメニューとして紹介されるようになるのは昭和50年代半ば以降です。

一方でJTBが1991（平成3）年に発行した『名古屋・東海味めぐり』にはこんな一節も。「最初にカツと味噌ダレを組み合わせた独特の味噌カツを生み出したのはもちろん愛知、名古屋である。いつ、誰がといったことは定かではないが昭和10年代前半といわれている」。情報源が定かではないのですが、関係者の証言なり記録なりがあった上での記述だと考えられます。

JTB発行『名古屋・東海味めぐり』（平成3年発行）には、“味噌カツは昭和10年代前半に名古屋で生まれた”という趣旨の記述がある

東海地方特有の豆味噌の特徴が味噌カツを生んだ

このように味噌カツのルーツに関しては、戦前からという記述もあれば、戦後間もなくとの説もあり、決定的な記録は見つかりません。

しかし、確かなのは、味噌カツが生まれた理由が、東海地方特有の豆味噌にあること。第4章でも紹介した通り、豆味噌には、煮込めば煮込むほどおいしくなり、肉類（や魚介）との相性がよく互いのうま味を高め合い、さらに油との乳化性が高い、そんな独特の特長があります。だからこそ煮込んで仕込む味噌ダレがつくられ、油で揚げたトンカツとも相性がよく、いわば必然的に味噌カツという料理にたどり着いたと考えられます。

トンカツは明治後期に銀座で生まれ、昭和初期に東京から全国へ急速に広まったといわれます。東海地方でも徐々に食べられるようになる過程で、何人もの料理人が慣れ親しんでいる豆味噌との相性のよさに気づき、トンカツに味噌を組み合わせる調理法を開発した、と考えるのが最も無理がないのではないでしょうか。

冒頭でも書いたように、「三重（岐阜）に元祖の店があるから名古屋の味噌カツはパクリ」という書き込みがネットでしばしば見られます。しかし、それらの店より早くから味噌カツを出していたと考えられる店が名古屋にはいくつもあります。また、三重や岐阜の当該の店も〝我こそが元祖・発祥だ〟と主張しているわけではありません。しかも、味噌カツの発祥を断定できる確たる史料も今のところ見当たりません。そんな状況からすると、〝名古屋の味噌カツ＝パクリ〟説はいささか乱暴すぎるといわざるを得ません。

それよりも揺るぎない事実は、名古屋をはじめとする愛知県、そして三重県、岐阜県は、全国に類をみない豆味噌食文化圏同士であること。お互いの味噌カツのおいしさを認め合いつつ、食べ歩き、食べ比べを楽しみたいものです。

ひつまぶしも津が発祥？名古屋とは異なる誕生の理由

そして、ひつまぶし。名古屋で広く知られている発祥の通説はこうです。料亭の宴会の〆としてうなぎを出していたところ、大人数に均等に分けるのが難しく、食べる量にも個人差があるので、分けやすいよう細かく刻むようにした。〆らしくさっぱり食べたいという要望に応えて、薬味をかけたり、お茶漬けにしたりするように。出前も多く、陶器の丼は重くて割れやすいので、木のおひつを使うようになった……。

ところが、津市で一番の老舗、1875(明治8)年創業の「つたや」4代目・森和広さんは全く異なる説を主張します。

「昔は天然うなぎを使っていたので大きさがバラバラで、太いのは硬くてお客さんに出せなかった。捨てるのももったいないので、焼いた後に細かく刻んで、内ごはん(まかない)にし、手早く焼くと臭みが残るので薬味を放り込んだんです。早く食べられるようお茶漬けにもしたんでしょう。私が子どもの頃は、仕方なく食べる残念なものでした」

う〜む、これはこれで説得力があります。ちなみに津市は古くから養鰻が盛んで現在もうなぎ店が多く、消費量は国内でもトップレベル。そんなソウルフードの食べ方のひとつが、名古屋めしと呼ばれる現状についてはどう思っているのでしょう。

「メニュー化したのは名古屋のお店ですから、着眼点は

三重県津市の老舗「つたや」のひつまぶし。店主が教えてくれたまかない発祥説は、名古屋での定説である料亭発祥説とはまったく異なる。ただし、メニュー化したのは昭和50年頃で、名古屋でのひつまぶし人気を参考にしてのことだったそう

スゴいと思います。名古屋めしといわれることについては別に何とも思いません」

同店では、ひつまぶしが名古屋でメニューになっているという情報を聞きつけ、昭和50年頃、先代の時代に提供を始めたそう。他にも津市内のうなぎ店数軒に問い合わせると、「要望が多いので最近になって出すようになった」と多くの店が回答してくれました。

また、筆者が探した名古屋のグルメガイドにおける最も古い「櫃《ひつ》まぶし」の記述は、1964（昭和39）年発行『名古屋味覚地図』の「いば昇《しょう》」（名古屋市中区）の項。1975（昭和50）年の『プレイナゴヤ'75』に「（名古屋のうなぎ店の）ちょっとした流行は〝櫃まむし〟といったものの進出」と紹介され、名古屋で広まったのもこの頃からだったことが読み取れます。

元祖として取り上げられることが多い「いば昇」に尋ねると、「どこが最初に始めたとかは意識して来なかったので、確認できるのは昭和30年代以降で、それより古い記録は残っていません」と6代目の木村勧さん。「あつた蓬莱軒」（名古屋市熱田区）の女将・鈴木詔子さんも「元祖とうたったことはありません」とのこと。「名古屋はパクリだ」「元祖はこっちだ」という外野の声は、当のうなぎ店には気にするようなものではないようです。

愛知県でも三重県でも、蒲焼きのタレには地域特有のたまり醤油を使います。濃厚なたまりベースのタレだからこそ、うなぎを細かく刻んでも、お茶漬けにしても食べ応えが損なわれず、ひつまぶしという食べ方が生まれたとも考えられます。名古屋の料亭発祥説、津のまかない発祥説。

どちらが先だったかは判断材料に乏しく断定するのは困難です。決定的な史料がないにもかかわらず、パクリという言葉で一方の地域を貶めるのはナンセンスです。それよりも、近しい食文化圏の2つの都市で、異なるいきさつによって、同様の食べ方が生まれた……、そんな風に考えて、双方の味を楽しんだ方が心もおなかも豊かになるのではないでしょうか。

このように、味噌カツもひつまぶしもはっきりとしたルーツにまでたどり着けなかったのであまり偉そうなことはいえませんが、少なくとも「名古屋はパクリ」だと批判するのは論拠に乏しく、どこが元祖だと断定できるようなものではないことは確かです。

「あつた蓬莱軒」の焼き場風景。名古屋でも三重でも蒲焼のタレに、この地方特有のたまり醤油を使う。濃厚なたまりベースのタレは、細かく刻んでもお茶づけにしても食べ応えが損なわれない。東海地方ならではの調味料があったからこそひつまぶしという食べ方も生まれたと考えられる

そもそも食文化は、誰かがどこかで（時に複数の人や場所で）思いついたものが次第に広まり定着していくケースがほとんどです。名古屋めしでいえば台湾ラーメンやあんかけスパゲッティのような元祖、発祥がはっきりしたものもありますが、それらはむし

ろ稀な例です。したがって、歴史も分布もきっちり線引きすることは難しく、その曖昧模糊とした
ゆるやかなグラデーションを受け入れる、そんな大らかさをもって楽しんだ方が得るものは多いは
ずです。

第6章
「名古屋人は名古屋めしを食べない」は本当か？

名古屋めしブームの反動からか、「名古屋めし離れ」というフレーズがしばしばメディアに取り上げられるようになりました。

発信源は当の名古屋人です。

はたしてこれは本当なのか？　その心理、さらに地域密着の食の現場に聞くと、意外な真実が浮かび上がってきました。

若者の「名古屋めし離れ」は実は「名古屋めし知らず」

「名古屋人は名古屋めしなんて食べていない」

名古屋めしブームの反動からか、第5章で取り上げた名古屋ぎらいムーブメントをきっかけに、こんな言葉を時折見聞きするようになりました。この風評の発信源は基本的に地元の人たちです。

P222でも紹介した『週刊プレイボーイ』の特集記事「名古屋を襲う空前の大ピンチ!!」（2016年9月19日号）でも、そのものズバリ「名古屋人は『名古屋メシ』を食わない!?」の見出しが。この記事でコメントしているのは地元フードライターの永谷正樹氏。

「今の若者は名古屋メシをあまり食べない。昔と違って全国チェーンの飲食店がたくさんあるので、名古屋メシを食べる機会が減っているんです」

永谷氏が言う通り、外食環境の進化によって、もともとあるご当地の料理の優先順位が相対的に下がっている、という傾向は確かにあるでしょう。

若い世代の「名古屋めし離れ」(?)については、筆者も2014(平成26)年当時、名古屋めしに関するシンポジウムで当時の大学生からこんな意見を聞かされました。

「名古屋めしは高くて学生の僕らは食べられません」

〝名古屋めしは庶民的で地元の人が普段から食べている料理がほとんど〟。こう主張してきた身としては、自説とは真逆の見解に少なからずショックを受けました。

ただし、学生たちの意見によくよく耳を傾けると、そもそも名古屋めしが何たるかをあまり理解していないことも分かってきました。彼らの知る名古屋めしが食べられる場所は、メディアにひんぱんに登場する「矢場とん」「あつた蓬萊軒」「山本屋本店」などの有名店ばかりです(=価格も相対的に高い)。

さらに「普段食べている、または好きな名古屋めしは?」とアンケートを取ると「ラーメン」なんていう回答が混じっていたりします。彼らは「名古屋めしを食べていない」という以前に「名古屋めしのことをよく知らない」のです。

加えて、近年は学生に経済的余裕がないため、総じて外食機会が乏しくなっています。経験値の低さゆえ、有名店しか知らないまま、〝高くて食べられない〟というイメージが植えつけられてしまっているように感じます。

「名古屋めしを食べていない」は「(毎食)名古屋めしを食べて(は)いない」

また、名古屋めしが強くクローズアップされるようになったことで、「そればかり食べているわけじゃないよ」という天邪鬼な心理も働くのでしょう。

私はしばしば名古屋めしをテーマにした講演を行う機会があるのですが、「名古屋めし、食べていますか?」と尋ねると、必ず何人かは「食べていない」という反応を示す方がいらっしゃいます(名古屋めしの話を聞きに来ているにもかかわらず〈苦笑〉)。続けて「では、ここ1カ月のうちに味噌煮込みうどん、味噌串カツ、手羽先などを食べていないですか?」と重ねて質問すると、「う〜ん、まぁ1回くらいは食べたかなぁ」と何だか渋々認めるように首を縦に振る方が大半です。認めたくないのか、それとも自覚がないのか、「食べていない」という人も決して「全く食べていない」わけではないのです。

このような傾向は特にミドル〜シニア世代に強く見られます。というのも、この世代にとっては2000年代以降に広まった「名古屋めし」は一種の新語。彼らにとっては、味噌煮込みうどんはあくまで味噌煮込みうどんであり、味噌カツは味噌カツです。それらを食しつつも「自分たちが食べているものは名古屋めしなんかじゃない！」と認めたくない心理が働いてしまうのかもしれません。

また、名古屋めしブームによって、逆に地元の人は代表的なブランドを敬遠するようになってしまった面もあります。

味噌煮込みうどんの「山本屋本店」「山本屋総本家」、味噌カツの「矢場とん」、ひつまぶしなら「あつた蓬莱軒」、これらはもともと地域で愛されてきた人気店ですが、名古屋めしブーム以降、観光客が行列をなすことが（コロナ禍以前は）常態化しました。そのため、地元では混雑を避けたいと足が遠のいてしまった人もいるのです。加えて、名古屋めし＝観光客向け、ひいては地元の人は食べていない、という誤ったイメージを抱いてしまう人も増えているのだと考えられます。

そのため、地元の人の「食べていない」は、観光客が押し寄せるような人気店には行っていない、という意味だったりします。つまり、「名古屋人は名古屋めしを食べていない」とは、「名古屋人は（毎食毎食）名古屋めしを食べて（は）いない」という意味なのです。

食生活が多様化している日本では、内食でも外食でもありとあらゆる選択肢があり、和食から外国の料理からフュージョンまで、本当に多種多彩な料理を日々選ぶことができます。その中で月に一度でも二度でも食べる機会があるジャンルであれば、それは十分に生活に浸透している食のカテゴリーのひとつといえます。

例えば、寿司でもラーメンでも月に1回でも食べていれば、それは普段から「食べている」といえるでしょう。

そう考えれば、名古屋人にとって名古屋めしは日常的な食生活の選択肢に入っているということができ、すなわち「名古屋人は名古屋めしを食べている」といって差し支えないのです。

地元密着スーパー「ヤマナカ」は名古屋めしが120品目！

名古屋めしというとどうしても人気店、有名店の動向ばかりが注目されがち。普段着の食生活に目を向けるために、地元密着で食を支える現場を訪ねることにしました。

まず向かったのは名古屋を代表するスーパーマーケットチェーン「ヤマナカ」です。ヤマナカは

1922（大正11）年創業で、2022年でちょうど100周年の老舗。60店舗以上を展開し、そのほとんどが名古屋市内および愛知県内にあります。

「名古屋めし関連商品はざっと120品目ほどを取り扱っています」

というのは商品・販売促進ユニット長の中野雄介さん。

「袋麺なら『寿がきや』の味噌煮込みうどんや台湾ラーメン、そして当社のPB（プライベートブランド）商品、スパゲティのソースならあんかけスパのヨコイのソース、味噌なら『カクキュー』の赤出し味噌と、どのコーナーでも名古屋めし系の商品が目立ち、実際に売れています。特にスーパーの主力カテゴリーのひとつであるチルド麺の中で一番売れるのは味噌煮込みうどん。ラーメンや焼きそばも含む麵全体のおよそ1割、うどん類に限っていえば1／3を占めています」

約120品目にもおよぶ名古屋めし系商品。食べ物の種類では概ね次のものが揃います（それぞれ複数のメーカーの商品やフレイバーなどがあり）。

○袋入り麵・カップ麵……きしめん、味噌煮込みうどん、カレーうどん、台湾ラーメン、スガキヤラーメン、あんかけスパゲッティ、台湾まぜそば、カレー煮込みうどん

○惣菜・パン……手羽先唐揚げ、味噌カツ、味噌串カツ、味噌おでん、どて煮、小倉トースト

○菓子・スナック類……えびせんべい
○生菓子類……ういろう、鬼まんじゅう
○調味料類……味噌、調味味噌、あんかけスパソース、台湾まぜそば用ソース、パン用あんこ

主要な名古屋めしの大半を網羅した、充実したラインナップです。

ご当地色がとりわけ強く出るのが麺類。他、調味料やせんべいの売り場も特色が出るといいます。

「味噌やせんべいは、売り場全体の色合いが他の地域とは違います。味噌は売上の40％を八丁味噌などの豆味噌が占め、全体的に色合いが濃い。またせんべいは売り場の1／3近くをえびせんべいが占めるため、赤っぽい色合いになります」（中野さん）

また近年の傾向として、アレンジ系メニューが増えていることが挙げられるとのこと。

「台湾ラーメンに対する台湾まぜそば、味噌煮込みうどんに対するカレー煮込みうどんなど、定番から派生したアレンジ系が増えています。バリエーションが増えているのは、もともとある定番が

スーパーの一番の売れ筋のひとつ、チルド麺売り場では、味噌煮込みうどんやきしめんなど名古屋めし系商品が最も幅を利かせている。写真はヤマナカ新中島店（名古屋市中川区）

売れているから。小倉トースト用のパン用あんこも3種類あり、最近増えてきた品目です」

多くの名古屋めしを購入できる品揃えですが、これらは〝名古屋めし〟を意識して取り揃えたものではないといいます。

「そもそも名古屋めしという商品分類をしていないので、今回あらためて点数を数えたところ、思いの外たくさんあって私たちも驚きました。地域密着のスーパーとしてできるだけ地元メーカーの品揃えを強化しよう、という方針がある。そうすると自然と名古屋めしが増えるという印象です。転勤などで新しく名古屋にお住まいになる方もいらっしゃるので、売り場の楽しみ方として名古屋めし商品を推すこともなくはないですが、通常のお客様に対して意識的にアピールする必要はないと考えています。お客様も名古屋めしを意識して選んでいらっしゃるわけではなく、好みの味、慣れ親しんだ商品を手に取られて、知らず知らずいわゆる名古屋めしを購入されているのではないでしょうか」（中野さん）

せんべい売り場の多くの部分を「えびせんべい」が占めるのも名古屋・愛知のスーパーならでは。せんべい売り場は地域性による違いが大きく、関東は草加せんべいなどの醤油系が多くつやのある茶色、東北は南部せんべいの深い茶色、北信越は米が主体のサラダせんべいの白と、全体の色合いも異なる

「ヤマナカ」は主に住宅街に出店し、庶民の普段の食

卓を支えるスーパーマーケット。ここで名古屋人は日々の食事として無意識のうちに名古屋めしをチョイスしているのです。

「名古屋めしは外食で食べるもの」ともしばしばいわれるのですが、決して外食に限らず、家庭でも日常的に食べられていることが、同店の売れ筋を見るとうかがい知れるのです。

お家・名古屋めし需要を支え、広げる寿がきや食品

「ヤマナカ」をはじめとする名古屋のスーパーで欠かせないのが「寿がきや食品」の商品です。

「寿がきや食品」はラーメン店「スガキヤ」を展開する「スガキコシステムズ」のグループ会社で、袋麺やチルド麺、カップ麺、調味料などを製造し、そのうち「スガキヤラーメン」「みそ煮込うどん」「台湾ラーメン」「味噌おでんの素」「手羽先のたれ」など、およそ20種類の名古屋めし関連商品があります。

「販売エリアは多くの商品が全国ですが、売れ行きの大半は東海地方に集中しています。その中で名古屋めしに関する商品は非常に重要な商材であり、売上の1／3以上を占めています」と

「寿がきや食品」営業企画部の箕野秀則さん。特に売れているのはやはり「スガキヤラーメン」。「即席めんもチルド商品も好評で、他に置き換えることができないおいしさがご支持をいただいている理由だと思います」（箕野さん）というように、味噌煮込みうどんも含めて長年主力となっている定番商品が多く、すなわち名古屋人はかねてより名古屋めしを家庭で食べているといえます。

さらには新しい名古屋めし商品も好評。

「『台湾まぜそば』は様々なメーカーからカップ麺や冷凍食品などが発売されて勢いがあり、当社でもレギュラー商品として定着しています。近年のヒット商品は2015（平成27）年発売のチルド商品『名古屋グルメ　鉄板イタリアン』。2021（令和3）年度は発売時の2倍に迫る販売量となっています」（箕野さん）

近年は商業施設の土産物コーナーや、東海地方以外のエリアでの催事でも名古屋めし商材の引き合いが増え、名古屋めしの市場は拡大傾向にあるとのこと。

これもやはり「寿がきや食品」の商品が、地元で支持を得ていることが説得力につながっているからに違いありません。

幅広いラインナップで地元スーパーの売り場の一角を占める「寿がきや食品」の商品は、名古屋人の〝お家・名古屋めし〟のニーズを支えているのです。

あんかけスパゲッティもレトルトで〝家庭の味〟に

名古屋のスーパーでならほぼもれなく見つかるのが、あんかけスパゲッティの元祖「スパゲッティハウスヨコイ」のレトルト商品「ヨコイのスパゲッティソース」です。

「レトルトソースを商品化したのは1990年頃。それ以前は〝家でも食べたい〟という常連さん向けにタッパーに入れて分けていました」と副社長の横井慎也さん。

つまりそもそも地元の人が自宅でも食べたい、と要望して生まれたのがレトルトソースだったのです。

ソースの販売数は2005（平成17）年の愛知万博を機に上昇。以後伸び続けて、近年の販売数は年間およそ240万食にのぼります。

「ソースのご購入者は、発売当初はほとんどが東海圏の方。現在でもおよそ8割を東海地方のお客様が占めています」（横井さん）。ユーザーは一度食べて、もう一度食べたいとヤミツキになる人

スパゲッティソース売り場ではヨコイのあんかけスパゲッティソースが一番の売れ筋。「ヤマナカ　新中島店」にて

も多い一方、愛知県在住ながら名古屋の店にはなかなか足を運べないという人も相当数いるそう。「名古屋に3店舗しかないので、名前は知っているけど店にはなかなか行けない、という市外の方も多い。実はレトルトソースでしか食べたことがない、という人が意外と多いんです」（横井さん）

レトルトあんかけソースは、ヨコイの他にも愛知県のいくつもの調味料メーカーにより商品化されています。名古屋では、あんかけスパゲッティが〝家庭の味〟にもなっているのです。

サガミチェーンでは味噌煮込みが年間150万食！

外食の分野でも名古屋めしが地元で愛されている、それが分かるのが和食・麵類レストランチェーン「サガミ」での販売動向です。

第3章でも紹介したように、「サガミ」では東海地方に約80店舗（全国では約130店舗）を展開する主力業態「和食麵処サガミ」を中心に年間約150万食の味噌煮込みうどん、そして約20万食の味噌カツを販売。「サガミ」は地元客が大半を占める和食ファミレスともいうべき業態ですから、この数字の大半は地元需要。これだけで〝味噌煮込みうどんや味噌カツ＝名古屋めしを地元の人が食べている〟といえるでしょう。

名古屋人の名古屋めし好き、は他エリアとの比較を見ても明らかです。

「愛知、岐阜では冬場は注文全体の3割近く、27〜28％を味噌煮込みうどんが占めます。三重県だと少し比率が下がり、一番よく出る店で22％。関東、関西では3〜4％ですから大きく差があります」（「サガミ」経営企画部マーケティング室の阿曽俊介さん）

「サガミ」のグランドメニューは約100品。うち味噌煮込みうどん類は中部（＝東海）エリア17品（セットなど含む）、東部（＝関東）エリア13品、西部（＝関西・北陸）8品（いずれも2021年冬季）。中部のメニューブックでは味噌煮込みうどんが巻頭を飾り、品数も充実しているため、他エリアと比べて訴求力が高い仕組みにはなっていますが、それを差し引いても愛知や岐阜での味噌煮込みうどんのニーズの高さは特筆すべき傾向です。

そして、名古屋での味噌煮込みうどん人気は、冬、そして店舗に限らないといいます。

「夏でも各店舗に10台以上ある専用コンロがフル稼働することも珍しくありません。従業員に聞くと家でも味噌煮込みうどんを食べるという。私は関西出身なので、最初は驚きました」（阿曽さん）

味噌煮込みうどん以外でも、味噌カツやきしめんといった名古屋めしは、売れ行きの地域差が大きいといいます。

「味噌カツ丼、味噌カツ定食は東海地方で年間約20万食を提供していますが、その他のエリアでは店内提供をしていません。テイクアウトの味噌串カツは、東海地方では9割の方がソースではなく味噌を選択します。きしめんは関西ではうどん文化が強いため敬遠されがち。メニューから外したこともあります。きしめん離れといわれたように名古屋でもかつてじわじわ出数が落ちていたのですが、2015（平成27）年頃に麺の改良を図ったことでそれ以降は持ち直しています」

サガミのメニューブック。中部エリア版では真っ先に味噌煮込みうどんが紹介されている。バリエーションも豊富で一番の売れ筋商品だ

第3章でもふれたように、「サガミ」は2010年頃から「名古屋めし推し」の戦略を採り、業績を急上昇させるのに成功します。味噌煮込みうどんや味噌カツをメニュー構成の中心的存在に位置づけ、アレンジメニューなどでラインナップを充実させ、メニューブックの中でも目玉としてアピールするようになりました。

それでも、これはあくまでおひざ元である名古屋エリアにおける、消費者の潜在的ニーズに応えたものだといいます。

「味噌煮込みうどんや味噌カツがあるからといって、名古屋めし専門店ではありません。お客様は名古屋めしを意識してご来店くださるのではなく、あくまで日常の食事の場としてご利用くださっている。それに応えて、麺類、和食のレストランのメニューのひとつとして、フラットな位置づけでライ

ンナップしているともいえます」（阿曽さん）

つまり、名古屋めしは名古屋の和食・レストランチェーンにおいて、消費者のニーズに沿ってメニュー構成を図った結果、必然的に主力に位置づけられたというわけ。その結果、年間約１５０万食の味噌煮込みうどん、約20万食の味噌カツが食べられているのです。

このように名古屋めしは、内食としても外食としても地元の人に親しまれています。冒頭に挙げた学生たちも、中高年世代も、きっと知らず知らずに名古屋めしを口にしているに違いありません。「名古屋めしなんて食べていない」という声が地元から聞こえてくるのは、名古屋の人ほど自分たちの食べているものを名古屋めしだと意識していないから。

食生活の中にとけ込みすぎて、特別なものだとは思われていない。それほど名古屋めしは浸透しているといえるでしょう。

第7章
もう間違えない！
名古屋めし

第1節

名古屋めしは日本食代表！

ここまで名古屋めしにまつわる様々な間違いを検証し、ただしてきた本書。間違いの根源は、名古屋めしを特殊な食べ物だと考える思い込みでしょう。

しかし、実は名古屋めしは、日本の食文化を代表する特色をもっています。

そこを押さえておけば、あなたはもう、名古屋めしを間違えません！

100年以上前に日本で発見された「うま味」

全国の人にとかく風変わりだと思われがちな名古屋の食文化。確かに、この地域だけでつくられ、親しまれている豆味噌やたまり醤油をベースに育まれた独特の嗜好があり、それにのっとって独自に進化を遂げてきたことはここまで本書でも紹介してきたとおりです。

しかし、この独自性は、実は日本の食の特色を分かりやすく表現しているともいえます。

どういうことか？　ここまでの記述と重複する部分もありますが、あらためて説明していきましょう。

名古屋めしの核をなす豆味噌とたまり醬油。これらの一番の特色がうま味成分の濃さであることは第4章でも紹介しました。調理に欠かせない調味料が、他地域と比べておよそ2倍もうま味が強いのですから、それを習慣的に食している名古屋人は必然的にうま味嗜好になり、その嗜好に応えて生まれ、浸透してきたのが名古屋めしなのだ、と。

2015（平成27）年にイタリアで開催されたミラノ万博は、史上初めての"食"をテーマにした万国博覧会だった。日本館は屈指の人気パビリオンで連日行列ができた

名古屋人がこよなく愛するこのうま味は、甘味、酸味、塩味、苦味と並ぶ味の基本味のひとつ。化学的にいうと、グルタミン酸、イノシン酸、グアニル酸といううま味物質によって感じられる味の種類です。

世界で初めてうま味を発見したのは明治時代の化学者・池田菊苗《きくなえ》教授。池田教授は1907（明治40）年、昆布のダシ

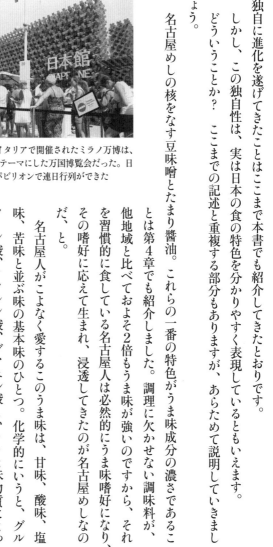

からうま味の素であるL－グルタミン酸ナトリウムを抽出することに成功。この調味料製造法で特許を取り、これが「味の素」として商品化されます。池田教授のうま味製造法の発見は「日本の十大発明」のひとつにも数えられています。

日本では100年以上も前に既に独立した味の種類だと認識されていたうま味。これが世界的に認められたのはほんの20年前、2002（平成14）年のこと。

舌の味蕾《みらい》にグルタミン酸受容体があることが発見され、うま味は「UMAMI」として晴れて世界でも認知されることになりました。

2015（平成27）年にイタリアで開催されたミラノ万博は史上初めて食をテーマにした万国博覧会でした。日本パビリオンでは、うま味を日本の食の特徴として次のように紹介していました。

「うま味は世界へ」

日本特有の急峻な地形を流れる豊富な水は、ミネラル分のほどよい軟水をもたらし、昆布

筆者もミラノ万博「あいち・なごやフェア」を現地取材。河村たかし名古屋市長と大村秀章愛知県知事、今では絶対に並び立たないおふたりとの貴重な3ショット

や鰹節から「うま味」を引き出す「出汁（だし）」の文化を育んできました。「うま味」は日本で発見された「甘味」「酸味」「塩味」「苦味」に次ぐ第5の味。うま味物質には減塩機能があり料理のおいしさを損なうことなく、健康的でおいしい食生活を楽しむことができます。少ない脂質や糖質でも満足感が得られ、過食も抑えられます。

日本館では、「うま味」を日本食の一番の特徴として紹介

ここで紹介されているように、うま味はヘルシーな日本食の根幹をなすもの。そのうま味を日本人は世界で最も正しく意識し、効果的に採り入れてきた民族といえます。

世界的に見れば、日本人は最もうま味嗜好の民族であり、その日本人の中でもとりわけうま味嗜好なのが名古屋人ということになります。

風習や気質において名古屋はしばしば〝リトルニッポン〟〝日本における名古屋は世界における日本〟などと称され、すなわち典型的な日本人らしさを凝縮しているといわれます。

そして、食、味覚においても、実は名古屋は日本らしさを凝縮しているといえるのです。

日本人は日本料理を食べていない⁉

日本の食は2013（平成25）年に「和食；日本人の伝統的な食文化」としてユネスコ無形文化遺産に登録され、世界的にも注目度が高まっています。

この報道が流れる時、画像や映像で紹介されるのは、決まって料亭で出されるようないわゆる日本料理です。もちろん無形文化遺産に該当する「和食」がこれに限られているわけではありませんが、真っ先に出てくるビジュアルイメージは、往々にしてこの手の正統派のコース形式の日本料理です。

というのも、もともと日本は京料理、懐石料理での文化遺産登録を目指していて、活動の中心もその分野の重鎮たちでした。しかし、韓国の宮廷料理がハイカルチャーで庶民の生活に根づいていないことを理由に登録を却下されたため、急きょ方針転換して広義の「和食」で申請を行いました（「味なニッポン戦後史」澁川祐子／『サイゾー』2022年6・7月合併号参照）。

「和食」のビジュアルとして日本料理がしばしば使われるのにはこのような経緯が影響しているわけですが、これを見て和食に興味をもってくれた海外の人たちは、当然この雅やかで美しい料理の数々がどんな味わいなのか、日本人に尋ねるでしょう。

しかし、懐石、会席の日本料理を私たちは一体どのくらい食べているでしょうか？　平均的な成人の日本人で年に1回食べる機会があるかないか、といったところではないでしょうか。日本人が普段、イタリアンよりもフレンチよりもコリアンよりもインド料理よりも、ましてや中華料理よりも食べていないのが日本料理なのです。そんな日ごろめったに口にしない日本料理について、海外の人たちに正しく説明することができるでしょうか？

仮にあなたが〝そんなものしょっちゅう食べとるがね〟と言い切ることができたとしましょう。その上そのおいしさを的確に言葉で表現できたとも仮定しましょう。では、それを初めて食べる外国人はそのおいしさにちゃんと感動できるでしょうか？　繊細な味つけの日本料理の味わい、魅力を正しく感じ取るにはある程度の経験値が必要で、海外の人にとっては（そして日本人にとっても）きわめてハードルが高いのです。

名古屋めしは外国人にも響く「武家の味覚」

対して名古屋めしは、うま味を非常に分かりやすく表現した料理です。味噌カツ、味噌煮込みうどん、ひつまぶし、手羽先、きしめん、あんかけスパゲッティ、台湾ラーメンなどなど、その強烈なインパクトはすなわちうま味のストレートパンチ！　うま味の魅力がてらいなくくり出され、口にした人の味覚にまっすぐ届けられます。日本人が古来大切にしてきたうま味、その特色や魅力を初めての人にもしっかりと味わってもらうには、名古屋めしはうってつけの料理だといえるのです！

発酵デザイナーとして数々の著書をもつ小倉ヒラク氏は、名古屋を中心とする中京の味覚を「武家の味覚」と称し、「淡白淡色な京の貴族の味覚」「手軽でファストが身上の江戸の商人の味覚」とはまったく異なるものとして、その特徴をこんな風に表現しています。

「考えうる味覚を全部盛りにして攻め込んでくる、中京の武家の味」「旨味の武装兵団」「完膚なきまでに味覚を征服する」「か、過剰すぎる……！　しかし一度慣れると病みつきになるのはなぜ？」「ありとあらゆるバリエーションの旨味が集結する、旨味の首都」（『日本発酵紀行』より）

つまり、名古屋めしはサムライの味！　海外の人たちが特に関心が高い日本のカルチャーはサムライですから、その点からも名古屋めしは外国人の興味を引きやすいことは間違いありません。

さらに「旨味の首都」とは何とも誇らしい響き。日本の食の特徴、魅力を語る際には避けて通れないうま味。うま味の何たるかを知るためには、首都を素通りするわけにはいかないのです。

外国人と名古屋めしの相性のよさというと、最近話題のグルメエッセイ本『イタリア人マッシがぶっとんだ、日本の神グルメ』でも、随所に名古屋めしが登場します。同書は日本在住歴15年のマッシミリアーノ・スガイ氏がサイゼリヤやココイチ、コンビニスイーツ、和菓子など日本で出会ったグルメを驚きと感動とともにつづるとても楽しいエッセイで、その中で「(コメダのモーニングの)Cセットのおぐらあんを、食パンの中に挟んだら最高じゃないか?」「日本の郷土料理で、僕が特に好きなのは、名古屋のみそ煮込みうどん(以下、石川のはす蒸し、京都の湯葉しゃぶ)、」と名古屋めしも愛情たっぷりに紹介されています。

マッシ氏の場合、食全般に対するポジティブな好奇心と共感性が飛び抜けているからこそ、このような評価にもつながっているといえますが、それでもイタリア人が日本の大衆グルメのひとつとして小倉トーストや味噌煮込みうどんを気に入ってくれているのは、名古屋めしが外国人にも受け入れられる可能性が大いにあると勇気づけられます(ただし、あんかけスパゲッティだけは「驚いて食べ切れなかった食べ物」「チャレンジしようと何回も思ったけど、勇気がなさすぎて諦めた」のだそう。残念!)。

外国人にとっても、名古屋めしは大衆的な外食チェーンと同様に親しみやすいグルメだといえます。つまり日本の食の特徴であるうま味をカジュアルに楽しめる料理だということです。

そして、県外から名古屋へやって来る日本人でも、名古屋の食に対して最初はちょっと抵抗を感じながらも、何度か口にするにつれ、クセになってまた食べたくなってしまうという人が少なくありません。これは味覚の奥底にあるうま味嗜好が名古屋めしによって刺激され、開花するからではないでしょうか。

〝名古屋めし＝辛い＝ヘルシーじゃない〟⁉

外国人にとっては特に〝日本食＝ヘルシー〟というイメージがあるでしょう。対して名古屋めしはというと、特に日本の多くの人は〝名古屋めし＝辛い＝ジャンク〟と思っているのではないでしょうか。

これも実は大きな誤解。名古屋めしの味つけの肝というべき豆味噌は、〝辛い〟という印象とは裏腹に、実は他の味噌と比べて塩分は1割ほども少ないのです。加えて、先のミラノ万博におけるうま味の紹介にもある通り、うま味が強い料理は味わいがしっかりしている分、塩分を余計に加えなくとも物足りなさを感じることがありません。つまり、実は味つけは総じて塩分控えめ。名古屋めしはヘルシーフードとしても、海外の人にも、もちろん日本の人たちにも胸を張ってお勧めしやすいのです。

2015（平成27）年のミラノ万博「あいち・なごやウイーク」ではワークショップとして名古屋めしの試食会を実施。海外の人たちがきしめんや手羽先に舌鼓を打った

事実、ここまで本書にくり返し登場している名古屋の和食・麺料理チェーン「サガミ」は、2015（平成27）年のミラノ万博で日本館のレストラン運営を担当して、連日行列が絶えなかった現地での人気に手応えを感じてその後イタリアに6店舗を出店。「味噌＝発酵食品で体にいい、というイメージは海外でも知られていて、味噌煮込みうどんや味噌カツはイタリア人にも好評です。名古屋めしは海外で受け入れられる可能性が十分にあると考えています」（サガミ経営企画部マーケティング室・阿曽俊介さん）といいます。

名古屋めしならではの〝かけ合わせ〟も実は日本流食文化⁉

名古屋めしの特徴のひとつとして、〝意外性のあるかけ合わせ〟も挙げられます。トンカツ＋味噌＝味噌カツ、うなぎの蒲焼＋薬味＋お茶（だし）＝ひつまぶし、トースト＋あんこ＝小倉トースト、ナポリタンスパゲッティ＋卵＋鉄板＝鉄板スパゲッティ、麺＋各種薬味＋卵黄＝台湾まぜそばなどはその最たるものでしょう。

名古屋の食は総じて調味料や食材をどんどん加えていく傾向が強く、〝引き算〟に真髄がある京料理とは真逆の〝足し算〟の食文化といえます。

この足し算を可能にしているのも、やはりうま味の濃さだと考えられます。うま味が濃い料理は、繊細な京料理などと比べて味を足してもバランスが崩れにくいため、大胆な発想のかけ合わせにもチャレンジしやすいのです。

漫画家でエッセイストの東海林さだお氏は、名古屋人の料理の創作性についてこんな風に記しています。

「名古屋以外の人は発想しないものを、名古屋の人は発想して実現してしまう。天むすもそうだし小倉トーストもそうだ。チャレンジ精神に富み、タブーを恐れないところがある。とにかくやってみよう、という精神が旺盛なのだ。（中略）名古屋の人は、とにかく塗ってみる、はさんでみる、食べてみる」（『あれも食いたい　これも食いたい』／『週刊朝日』１９９６年10月18日号）

とかく保守的だといわれがちな名古屋人ですが、こと食に関しては果敢なチャレンジ精神に富んでいる、というのです。

一方でこんな意見も。日本の食文化大好き！のイタリア人、マッシ氏は、料理を独自にアレンジするのは日本の食全般に見られる特徴だといいます。「日本の〝食の魔改造〟は世界にライバルがいないと思う」と驚嘆するマッシさん。その例として挙げるのはこんな食べ物です。

「日本では『パンに焼きそば』など、ありえない組み合わせが存在する」「スイーツでは『フルーツサンド』が衝撃だった」「ナポリタンもそうだった。イタリア料理かと思いきや、日本人が考え出した料理だ。『パスタにケチャップだって?』とたいていのイタリア人は疑問に思う。そして『おいしいはずがない』『邪道だ』と言う」(『イタリア人マッシがぶっとんだ、日本の神グルメ』より)

海外から見れば、日本の食に対するアレンジ力や自由な発想は驚くべきもので、それによって本場では予想もできないようなオリジナルのおいしさを創出している、というのです。

先にも述べたように、名古屋は国内でも異質のように見えて実は典型的な日本らしさを凝縮した町だといわれます。食に関しても、名古屋めしは風変わりのようでいて、実は日本ならではの〝食の魔改造〟を積極的に進めている、すなわち日本食らしさが反映された食文化といえるのではないでしょうか。

第2節 アフターコロナの名古屋めし

世界中を襲った新型コロナウイルスの感染拡大。その猛威は外食業界、観光業界を直撃し、観光需要が増していた名古屋めしの人気店は甚大なる被害を受けました。

名古屋めしは再び人気グルメの座を取り戻すことができるのか？

そのために必要なことは何なのか？

名古屋めしの問題にとどまらず、地域の食文化を知る、守ることの大切さを合わせて考えます。

コロナショックで売上9割減も観光客需要獲得が裏目に

２０２０（令和２）年に突如、世界中を混乱の渦に陥れた新型コロナウイルスのパンデミック（世界的大流行）。本書を執筆している２０２２（令和４）年8月時点では、ようやく一時の自粛の嵐が収まりつつありますが、世の中がコロナショックから完全に脱却したとはいえない状況です。

あらゆる経済活動、市民生活が制限を受け、多くの産業が苦境に陥る中でも、飲食業界はとりわけ大きな打撃を被りました。外出自粛が〝自粛〟といいながらほぼ強要されたことで、飲食店を利用すること自体があたかも悪行のようにとらえられ、町から人の姿すらも消えてしまいました。

名古屋めしも、２０００年代前半からのブームによって業績を飛躍的に伸ばした店が数多くあり、それだけに観光客のウエイトが高くなっていた人気店ほど、甚大なる影響を受けました。

「緊急事態宣言が出た2020年4月末からは1カ月間全店舗が休業。その後も売上が半減する時期が続きました」（ひつまぶしの「あつた蓬莱軒」）

「商業施設や地下街などに出店していた店もあり、これらは施設の休業にともない店を開けられない時期もあった。グループ全体の売上は70％減にまで落ち込みました」（味噌カツの「矢場とん」）

「名古屋駅や栄など繁華街の店ほど影響を受けた。2020年の緊急事態宣言時には95％以上減に。これまで何の問題もなく利益を出していた店を24店舗閉店しました」（手羽先「世界の山ちゃん」のエスワイフード）

「名古屋駅は3割が観光客、栄地区は地元の買い物客、金シャチ横丁はほとんどを観光客が占めます。近年は特に人が集まるところに出店していたので影響は大きかった。全体で売上は5割以下になりました」（味噌煮込みうどん「山本屋総本家」）

名古屋めしストリート化によって、飲食店テナントの売上が1990年代＝20億円→2015（平成27）年＝45億円と倍増し大成功を収めていた地下街・エスカも一転業績は急降下。「2020年4～5月の緊急事態宣言下では1カ月余りの休業もあり、地下街全体で売上は従来の6～7割減。年間を通しても飲食関連テナントの売上は2～3割減となってしまいました」（エスカ）

名古屋めしの人気飲食店の大幅な売上減の背景には、当然ながら名古屋全体の観光客の減少があります。

2000年代半ば以降右肩上がりで、2019（令和元）年には7299万人と過去最高を記録していた名古屋市の観光入込み客数は、コロナショックで2020（令和2）年＝3162万人と6割近くも大幅減。愛知万博以降の取り組みでコツコツと積み上げてきた成果が一気に吹き飛んでしまいました。

名古屋めしと並ぶ観光の最有力コンテンツである名古屋城も、毎年200万人以上が訪れていましたが、2019（令和元）年＝約220万人→2021（令和3）年＝約68万人と1／3以下に落ち込みました。

復権の鍵は地元客の掘り起こし

コロナ禍もようやく沈静化しつつあり、例えばエスカでは「2021（令和3）年11〜12月にはコロナ禍前の水準近くまで持ち直し、飲食店もようやく平常時近くまで盛り返しつつあります」とのこと。それでも「名古屋めし＝観光客頼みのやり方では、また何か不測の事態が起きた時に同じ轍《てつ》を踏むことになる」（エスカの古参テナント）と従来のやり方を不安視する声もあります。

名古屋めしの人気の再浮上のためには、観光客需要を再び取り戻すことももちろん大切です。しかし、ここは原点に還って、地元の人の足をあらためて向かせることが、各店舗の足腰の強い経営には欠かせません。

事実、コロナ禍の厳しい時期にあっても、それぞれの店を下支えしたのは地元の消費者でした。

「コロナ禍で観光のお客様が減った分、思っていた以上に常連さんがいらっしゃることに気づかされました。週に何度も来てくださる地元の方の存在は、気持ちの面でも売上の面でもとてもありがたかったです」(「コメダ珈琲店エスカ店」店長の田頭正毅さん)

「郊外の住宅地にある店舗は意外と売上は落ちませんでした。コロナが少し収束の兆しを見せると、早くもコロナ前の業績を上回った店もあります。つまりもともと地元需要はあり、変わらず食べてくださったということです。また、明るい材料もあり、それは客層がぐんと若返ったこと。外食やお出かけに対する意欲が旺盛な若い世代を今後もつなぎ止めていければ、と考えています」(「山本屋本店」営業企画・永田剛典さん)

コロナ禍による行動制限が緩和され、名古屋めしの店にもにぎわいが戻りつつある。写真は2022(令和4)年7月の「矢場とんエスカ店」の様子

「大型店はコロナの影響が大きかった一方、郊外の店舗は逆に売上が伸びたところも。テイクアウトが地域で定着していて、外出自粛でこの需要がさらに伸びました」（手羽先の「風来坊」チェーン本部取締役・磯部弘幸さん）

「『名古屋大酒場だるま』はコロナ禍前と比べて売上180％と大幅に伸びています。また、ひつまぶしを目玉にした『おか冨士』『うな冨士』も絶好調で、うなぎ専門店は現在8店舗で会社の中でも大きな柱になっています。コロナ禍前のようにインバウンドはまだ見込めないので、地元のお客様が来てくださっているということだと思います」（「かぶらやグループ」社長・岡田憲征さん）

きしめんも、近年の地元客の掘り起こしがコロナ禍においても功を奏しました。第4章でも紹介した市内中心部のうどん店による「きしころスタンプラリー」が、2021（令和3）年の第7回に過去最高の参加者を獲得したのです。スタンプ5個につき進呈する500円食事券の配布数は、例年100〜200枚台だったところ、2021年はコロナ第5波のさなかだったにもかかわらず、従来を大きく上回る326枚を記録。単純計算で期間中に1630杯以上のきしころが食べられたことになります（スタンプ5個に達しない人もいるので実際にはこれよりも多い）。

「普段はあまり見られない若いカップルのお客さんも目立ちました。遠出ができないご時世で、せめて近場での食事を楽しみたいという皆さんの心情に、きしころが応えられたのではないかと思います」（主催する愛知県めんるい組合会員である「みそ煮込みの角丸」日比野宏紀さん）

喫茶店へ行くのは〝外食〟ではない！

比較的早い段階で回復の兆しが見られたのが名古屋の喫茶店業界です。けん引したのはやはり「コメダ珈琲店」です。

「2020（令和2）年3〜11月までの累計既存店売上高が前年比87％だったところ、2021（令和3）年春の段階でほぼコロナ禍以前の水準にまで持ち直しました」（コメダ広報担当者）

地元の有力紙・中日新聞でも、名古屋証券取引所上場の主な外食チェーンの2021年2、3月期決算で8社中6社が赤字と苦境が続く中、「壱番屋、コメダ　黒字確保」と報じました（2021年5月14日朝刊　※壱番屋は「カレーハウスCoCo壱番屋」）。

いち早く回復基調に転じた理由をコメダ担当者はこう説明します。

「主な店舗立地が郊外のため都心型店舗よりも客数減が少なかった。またテイクアウトや物販を強化して売上を確保。コロナ禍でもご来店いただくお客様にご満足いただくため、ミニシロノワール半額キャンペーンやチョコレートのGodivaや人気アニメとのコラボ、コメ牛（期間限定のビーフハンバーガー）などの新商品を積極的に展開したことも売上減を防ぐことにつながりました。

そして何より〝喫茶店は地域社会のインフラ〟と考え、感染症対策を徹底して営業したことで、日ごろのお客様に変わらずご来店いただけました」

矢継ぎ早の攻めの戦略はコメダの企業体力があればこその力技ですが、それ以上にお客をつなぎ止めたのは従来の持ち味や役割を守ろうとする姿勢でした。

それを象徴するのが「地域社会のインフラ」という言葉です。トップがこれを標榜して可能な限り通常営業する方針を打ち出したことで、他のカフェチェーンとの違いも鮮明になりました。外食が「不要不急」といわれてしまう中、喫茶店は不可欠の生活の基盤として機能していて、そのため客足が戻るのも早かったというわけです。今や全国区の巨大チェーンであるコメダですが、このスタンスはやはり創業地である〝喫茶店王国・名古屋〟で培われてきたものといえるでしょう。

こうしたお客との関係性は個人店でも変わりありません。

「うちのお客さんはうちにコーヒーを飲みに来ることを〝外食〟だとは思っていないんですよ」と語るのは、「喫茶まつば」（名古屋市西区）の3代目、舟橋和孝さん。同店は1933（昭和8）年創業で、現存する名古屋最古の喫茶店。商店街の中で古くから親しまれ、お客の多くは地域の常連です。彼らにとって町の喫茶店は、食事をする店という以上に暮らしに不可欠のコミュニティの場。だからこそ、早期の来店復調につながったといいます。

「商店街のイベントがなくなったのと外国人旅行者が来られなくなってしまった分、売上の落ち込みは少しありましたが、常連さんに関してはほぼ通常通りに戻っています（2021年6月時点）」

（舟橋さん）

マイクロツーリズム・コンテンツとしての名古屋めし

インバウンドを含めて多くの旅行者を集めてきた名古屋めしですが、マイクロツーリズムのコンテンツとして、地元の人にあらためて魅力を伝える働きかけも重要です。

名古屋を拠点とした身近な町歩きツアーなどを開催している「大ナゴヤツアーズ」では、名古屋めしなど食をテーマとしたプログラムを年間およそ30本催行しています。「緊急事態宣言やまん延防止等重点措置の発出時期以外は、比較的アフターコロナの集客の戻りは早かったと感じます。コロナの影響で遠出できなくなった人が、食関連のツアーに多く参加されていた印象です」とは大ナゴヤツアーズ代表の加藤幹泰さん。

筆者も毎シーズン「名古屋の純喫茶めぐり」「名古屋の和菓子名店めぐり」といったツアーのガイドを担当しており、喫茶店のモーニングや鉄板スパゲッティ、ういろうや鬼まんじゅうなどの名古屋めしの紹介や実食体験を盛り込むことがあります。また大ナゴヤツアーズ以外でも、純喫茶、和菓子店、うどん店などを組み合わせた名古屋めしツアーを催行しています。

こうしたツアーは地元からの参加が多く、リピーターも少なくありません。参加者からは「自分ひとりではなかなか入れない店に来ることができた」「ツアー以外でもまた行きたい」という声も多く、実際に「ツアーのお客さんがまた食べに来てくれたよ」と店の店主から伝えられることも少なくありません。

名古屋めしはガイドブックに載っている有名店ばかりでなく、ごく普通の町の個人店も多く、それらへ案内したり、レクチャー付きで食べ歩きすることが十分にマイクロツーリズムになり得るのです。

これらのツアーは定員10～20人程度のごく小規模のもの。ネットを主体とした広報の仕組みも含めてミニマムなので、比較的短い準備期間で実施することができるのも利点です。いつまた〝まん防〟などで行動制限が強いられるか分からない不安定な情勢下では、小回りの利く催しの方が企画も、参加もしやすく、中止になった際のリスクも最小限に留められます。

「大ナゴヤツアーズ」では筆者が喫茶店や和菓子店などをめぐるツアーを年に数回ずつ催行。定員10～20人程度の小規模のツアーだが毎回好評でリピーターも多い

旅の醍醐味は知らなかった場所やコトを体験すること。まだまだ真の魅力を知られていない、そして知られざる名店がいくらでもある名古屋めしは、マイクロツーリズムのコンテンツとしても大いに可能性があるのです。

名古屋めしの未来とは？

「名古屋めしが全国区になる可能性は？」「そのためには何が必要？」

名古屋めしについて意見を求められる時、しばしばこんな質問を受けることがあります。そんな時は決まってこう答えています。

「全国区になる必要はありませんし、そのために何か変える必要もありません」

こう答える通り、筆者は名古屋めしの人気店に全国進出してほしいとは思っていませんし、ローカライズ（地域に合わせて仕様＝味つけを変えること）が必要だとしたらそれこそ出る意味はないと思っています。

もちろん事業意欲旺盛な、例えば「矢場とん」のような人気ブランドが東京をはじめ全国に出店すること自体を否定するつもりはまったくありません。「コメダ珈琲店」が全国展開に成功して名古屋流喫茶店が広く知られるようになることにちょっと誇らしい気持ちも抱いています。資本力のある企業、戦略的に全国展開している企業がそれぞれの経営方針にのっとって、名古屋圏以外でも繁盛店を広げていることについては純粋に応援しています。

ただ、名古屋めしの魅力を知ってもらうために、名古屋以外に店舗を広げるのはさほど重要なことではない、とも思っています。むしろ名古屋に来なければ食べられない、そこにこそ名古屋めしの価値があると考えます。特異な進化を遂げたガラパゴス的食文化のままの方が、むしろ希少価値は高まります。他地域の人には、名古屋に来てもらい、名古屋めしを名古屋ならではの文化的体験として楽しんでもらいたいのです。

あなたの町の「ご当地めし」を知り、味わって！

そしてもうひとつ、私が名古屋めしを通して伝えたいのは、皆さんの町にも愛すべき、誇るべき文化があるということです。

ここまでさんざん名古屋めしの魅力について語ってきましたが、私は名古屋めしこそが素晴らしい！　名古屋めしが何よりおいしい！……と思っているわけでも、主張したいわけでもありません。

どの土地にも歴史や風土に根ざした固有の文化があり、それを知ること、体験すること、尊重することこそが、その文化を守ること、継続・発展させることにつながります。これは旅行者はもちろん、何よりその地域に住む人にこそ常日ごろ意識し実践してもらいたいことです。

食は誰もが日々体験するものですから、名古屋では名古屋めしを意識して取り入れることで、毎日の生活の中で郷土の文化にふれることができます。

これは何も特別なことではなく、名古屋に限らず世界中どの地域でも同じように実践できることのはずです。北海道の人なら北海道の、東京の人なら東京の、大阪の人なら大阪の、福岡の人なら福岡の、沖縄の人なら沖縄の、自分たちが住む土地の食に目を向けて、その魅力を存分に味わってほしいのです。ご当地の食に対する知識を深めることは、他の土地を訪れた際、お互いの差異に気づくことができ、それぞれに対する関心や興味を深めるきっかけにもなるはずです。

私自身の体験では、『名古屋メン』という名古屋のご当地麺のガイドブックをつくっていた2012（平成24）年当時、タイミングよく香川県を訪れる機会がありました。地元の人にお勧めの店を教えてもらい、行列に並んで人気の讃岐うどんを食べました。本場の讃岐うどんはそれはコシがあっておいしいものでした。でも、同時にこうも思いました。

「うまい！　でも、名古屋のきしめんだって負けちゃいない……！」

全国を席巻し、今やおいしいうどんの基準にすら位置づけられている讃岐うどんを向こうに回し、恐れ多いと思われるかもしれません。しかし、当時毎日のようにきしめんをはじめ名古屋のご当地麺を取材し食べ歩いていた私は、麺やつゆ、だしに両者の違いを感じ取ることができ、それぞれに異なる魅力があることを実感できました。つまり、名古屋のきしめんへの理解が深まっていたからこそ、讃岐うどんの個性や魅力もまた固有のものとして堪能することができたのです。その上で、名古屋のきしめんにも、讃岐うどんに負けない個性やおいしさがあると自信をもって主張できたのです。

多様性の尊重が叫ばれる昨今ですが、まず自らを理解することが、他者への理解、尊重の第一歩。名古屋に暮らす私が、名古屋めしに興味を抱き、そのできるだけ正しい情報を伝えようとすることは、皆さんにも同じように、自分の住む土地の個性や魅力に目を向けてもらいたいからです。

一方で、生活にまつわる文化は、記録に乏しく、真偽が定かでない半ば創作のストーリーがいつの間にか定説になっていたりするものです。名古屋めしパクリ疑惑のように、誤った認識がまことしやかにネットを通して広まっているケースもまた少なくありません。

庶民の生活はゆるやかさや大らかさにのっとっている方が健全ですから、少々眉唾なエピソードもそれはそれとして楽しむこともまたありでしょう。それでも、史実を丹念にひもといていくと、埋もれていた事実がひょっこり顔を出したり、常識と思われていたことがひっくり返ったりして、そこで生じる新たな発見や驚きも、その文化に対する興味をより深くしてくれることでしょう。

名古屋めしの本当のあり方、魅力。この本である程度は正しく伝えられることができたでしょうか。間違いだらけ〝ではない〟名古屋めしが分かったところで、次はあなたの町の食文化の〝間違いだらけではない〟真の姿に着目してはいかがでしょう。

そして一緒に、あなたの町のご当地めしを味わい、楽しもうではありませんか！

あとがき

『間違いだらけの名古屋めし』。

この批評的で挑発的なタイトル（言うまでもなく自動車評論家、故・徳大寺有恒さんの大人気シリーズから拝借しています）の書籍は、筆者が、名古屋めし関連の仕事が多くなっていた7〜8年前からアイデアを温めていたものでした。

うどん店、喫茶店、各種専門店など、名古屋の食を扱う店や企業から話を聞き、商品を味わうたびに、その魅力の確かさ、奥深さに感心させられるばかり。取材者としてそれを少しでも多くの人に伝えようと努めてはいるものの、力不足を痛感することが少なくありません。おいしさや文化的背景を知り共感してくれる人もいる一方、誤解や固定観念が強固な障壁となっているケースが多々あるのです。

この状況を打破するためには、個々のお店を紹介するだけでなく、間違った〝名古屋めし観〟をまとめて正すしかない！　いつしかそんな使命感を抱くようになりました。

とはいえ、忙しさにかまけ、また刺激的なタイトル、テーマゆえに「お前こそ間違いだらけじゃないか！」と反発が来るであろうことに少々気後れもしながら、ついつい棚上げにしたままでした。

そうこうしているうちに、世の中は新型コロナウイルスで未曾有のパニックに。名古屋でも多くの飲食店が窮地に陥りました。そして、私もご多分にもれず仕事が激減。仕事が来ない時は仕事をつくるしかない、と長らく寝かせっぱなしだったこの企画を出版社に提案し、ようやく本腰を入れて取材、執筆に取りかかることになりました。

こうしていざ関係者や文献にあたってみると、新たな事実、知られざる魅力が次から次へと掘り出されてくるではありませんか。多岐にわたる証言や記録を元にまとめていくと、不遇の時期やアンチにも屈せずたくましく地域に根を下ろしている名古屋の食文化には、危機を乗り越えるための光明も秘められていると感じました。

本書をここまで読んでくださった方は既にご理解のことと思いますが、タイトルの「間違いだらけ」は、実は「名古屋めし」に直接かかっているわけではありません。名古屋めしに対する誤ったイメージ、思い込みに対しての物言いとなっています。

とはいえ、これまで名古屋めしを〝間違えて〟いた人たちを非難するつもりはありません。地元民として、まして取材者として、名古屋めしをちゃんと伝えられておらず、もしかするとそのせいで食べる機会を失わせてしまっていたとしたら、むしろ申し訳ない！　と平身低頭おわびしたいくらいです。

この本をお読みいただき、名古屋めしへの理解が多少なりとも深まり、関心を高めてもらうことができたでしょうか？　食はつくる人、食べる人、伝える人、みんなで楽しみながら育んでいける文化です。拙著が、名古屋、そしてあらゆる土地の食がより元気に育っていく、その肥しのひとつにでもなってくれれば幸いです。

2022年　師走の名古屋にて

名古屋めし店リスト

取材協力先　名古屋めし関連店舗リスト

【味噌カツ】

矢場とん
名古屋の他東京、大阪など20店舗以上を展開する味噌カツの大人気店。味噌ダレは意外やさらっとして食べやすい●矢場町本店／名古屋市中区大須3-6-18☎052・252・8810

とん八
味噌カツ、トンカツの専門店。どろっとした味噌ダレは口あたりが優しく、まろやかなコクと甘みでごはんがわしわし進む●名古屋市中区千代田3-17-15☎052・331・0546

カインドコックの家　カトレア
三重県津市で昭和40年の創業時からオリジナルの味噌カツを提供。高級洋食店出身のオーナーがつくるソースのような味噌ダレがカツを優しく包み込む●三重県津市上弁財町17-1081☎059・226・5629

一楽
岐阜で「元祖味噌かつ」ののれんを掲げる昭和32年創業の洋食店。もも肉のとんかつはあっさりして、コクのある味噌ダレが引き立つ●岐阜県岐阜市弥生町13☎090・1982・4381

味処　叶
名古屋・栄で「元祖みそかつ丼」をうたう昭和24年創業の老舗。裏通りの小さな店だが行列が途絶えない人気店。分厚いカツがこってりまろやかな味噌ダレをまとう●名古屋市中区栄3-4-110☎052・241・3471

ラク亭

大正2年創業の現存する名古屋市内最古の洋食店。味噌ダレは別添えでカツのサクサク感が活きる。カツにデミグラスソースをかけるスカロップも名物●名古屋市東区筒井1-10-14☎052・936・3461

気晴亭

昭和20年の創業当時から注ぎ足している秘伝の味噌ダレが決め手。深いコクがありネギ、マヨネーズのトッピングとの相性もいい●名古屋市中区千代田5-21-6☎052・251・4741

【手羽先・居酒屋】

世界の山ちゃん

手羽先は〝幻のコショウ〟のピリッとした胡椒辛さが決め手。鉄板ナポリタン、天むすなど名古屋めしメニューが豊富●本店／名古屋市中区栄4-9-6☎052・242・1342

風来坊

昭和38年創業の手羽先の元祖。手羽先は深みのある熟成タレと特選塩コショウ、ゴマの香りで止まらなくなる。のれん分けで約60店舗がある●栄店／名古屋市中区栄4-5-8☎052・241・8016

名古屋大酒場だるま

名古屋を中心に20店舗を展開するかぶらやグループの大バコ居酒屋。名古屋めしのデパート的な豊富なメニューがウケて約200席が埋まる●名古屋市中区錦3-18-18☎052・973・2088

【味噌煮込みうどん、きしめん】

山本屋本店

味噌煮込みうどん専門店。太く噛み応えのある麺は職人による手打ちで常に打ち立てが店舗に届けられる。東海3県に14店舗●大門本店／名古屋市中村区太閤通6-5☎052・482・2428

山本屋総本家

味噌煮込みうどんの代名詞的存在。力強い味噌の風味、麺の太さ固さは名古屋でも随一。名古屋駅、松坂屋、金シャチ横丁など市内に5店舗●本家／名古屋市中区栄3−12−19☎052・241・5617

みそ煮込のかどまる

大正15年創業。〝太くて固い〟の固定概念を覆す細麺の味噌煮込みが名物。3代目が手打ち名人で、きしめん、カレー煮込みなどどれもハズレなし●名古屋市東区泉1−18−33☎052・971・2068

一八本店

明治23年創業の名古屋でも屈指の老舗うどん店。味噌煮込みの麺は平打ちで薄いのにもっちり弾力がある。具沢山の旗本味噌煮込みがお勧め●名古屋市中区橘1−5−14☎052・321・0475

和食麺処サガミ

東海地区最大級の和食麺類レストランチェーン。味噌煮込みうどんの販売数は飲食店で日本一。手羽先、味噌串カツのクオリティも高い●一社店／名古屋市名東区高社1−83−1☎052・771・5225

住よし

昭和36年から旅行者らに愛されるきしめんスタンド。新幹線、在来線などのホームに合わせて10店舗がある●新幹線上りホーム店／名古屋市中村区名駅1−1−4名古屋駅構内新幹線上りホーム14・15番ホーム☎052・586・0624

総本家えびすや本店

純手打ちを守るうどん、きしめんの老舗。繁華街・錦3丁目にあり平日は深夜営業も。のれん分け店が市内外に6店舗ある●名古屋市中区錦3−20−7☎052・961・3412

手打麺舗　丸一

明治30年創業。4代目が伝統の名古屋手打の技術を守る名店。透明感あるきしめんに桜エビのかき揚げ・桜天のトッピングがお勧め●名古屋市中区上前津1-12-26☎052・322・3208

金トビ志賀

大正6年創業の製粉メーカー。うどん粉専門で名古屋のうどん店で圧倒的シェアを誇る。本社では乾麺などの販売も●愛知県蒲郡市丸山町4-38☎0533・69・3111

星が丘製麺所

「きしめんをもう一度名古屋のソウルフードに！」をコンセプトに2021年に登場。幅広きしめんやカフェのような店づくりで一躍大ヒット●名古屋市千種区星が丘元町15-5星が丘テラスTHE KITCHEN内☎052・753・6017

【ひつまぶし・天むす】

あつた蓬莱軒

ひつまぶしの代名詞的老舗。備長炭でバリッと焼き上げたうなぎに創業時から守るタレがしっかりからむ。ひつまぶしが〆の会席も●本店／名古屋市熱田区神戸町503☎052・671・8686

錦三丁目　いば昇

明治創業の正統派うなぎ専門店。櫃まぶしは〆にダシ汁ではなく煎茶をかけ、後味はさっぱり。坪庭のある風情豊かな雰囲気も魅力●名古屋市中区錦3-13-22☎052・951・1166

つたや

うなぎの消費量全国屈指の津市の中でも随一の歴史を誇る明治8年創業のうなぎ専門店。ひつまぶしはネギ、海苔の薬味があらかじめかかっているのが特徴●三重県津市東丸之内22-9☎059・227・6138

めいふつ天むすの千寿

天むすの元祖。まかないの海老天入りおむすびが評判となり専門店に。海苔を斜めに巻くのは当時大ブームだった美智子巻きにあやかったもの●三重県津市大門9-7☎059・228・6798

天むす　千寿

昭和55年に津市の千寿ののれん分けとして創業。テレビ取材を機に芸能人から注目され、手土産や差し入れとして大人気に●名古屋市中区大須4-10-82☎052・262・0466

【あんかけスパゲッティ、その他麺類】

スパゲッティ・ハウス　ヨコイ

昭和38年創業のあんかけスパの元祖。こってり&スパイシーなソースと仕上げにラードで炒める極太麺が相性抜群●住吉本店／名古屋市中区栄3-10-11サントウビル2階☎052・241・5571

そ～れ

昭和36年、あんかけスパの考案者、故・横井博さんが親族と一緒に出店したあんかけスパの発祥店。トマトの酸味が利いていて女性ファンも多い●名古屋市中区栄4-9-10愛信プラザビル103☎052・265・3990

スパゲッ亭チャオ

あんかけスパ、通称〝チャオスパ〟は豊橋のソウルフードと呼ばれるほど浸透。鉄板皿に盛られ、カニコロやフライドポテトなどトッピングもユニーク●本店／愛知県豊橋市広小路1-45 OGIYA2階☎0532・53・1684

麺やはなび高畑本店

元祖台湾まぜそばは激辛台湾ミンチと薬味、卵黄をまぜるジャンクなヤミツキグルメ。2009年に考案された同メニューで一躍行列店に●名古屋市中川区高畑1-170☎052・354・1119

【喫茶店】

コメダ珈琲店

昭和43年創業。2000年代以降本格的に全国展開し今や920店舗以上を展開するセルフ式以外では日本一の喫茶店チェーン●本店／名古屋市瑞穂区上山町3-14-8☎052・833・2888

コメダ珈琲店　エスカ店

2006年コメダ初の地下街店としてオープン。新幹線改札から徒歩2分の立地性で観光客を獲得。コメダ初のテイクアウト専門店「コメダ珈琲 TAKEOUT」を併設●名古屋市中村区椿町6-9☎052・454・3883

コーヒーハウス　かこ　花車本店

名古屋の自家焙煎珈琲店の先駆けとして昭和47年に創業。自家製のあんこ、ジャム、クリームを乗せた小倉トーストで一躍行列店に●名古屋市中村区名駅5-16-17花車ビル南館1階☎052・586・0239

妙香園

名古屋の茶の湯文化を支える大正5年創業のお茶専門店。名古屋の地下街などに直営6店舗を出店。茶これーと、どあら茶なども人気●本店／名古屋市熱田区沢上2-1-44☎052・682・2280

珈琲　門

昭和32年から3代続く純喫茶。スペシャリティコーヒーと名物のカレーで香りの競演を楽しめる。創業当時からのテーブル&ソファが残る窓際が特等席●名古屋市東区橦木町1-15☎052・559・0759

喫茶リッチ

地下街エスカが開通した1971年から営業。モーニングはトースト、ゆで玉子、ヨーグルト付き。リッチな味わいの鉄板ナポリタンが一番人気●名古屋市中村区椿町6-9☎052・452・3456

コンパル

昭和22年に創業し地下街への出店やサンドイッチメニューで時代を先取り。ユーミン御用達のエビフライサンドはもはや名古屋めしのひとつ●本店／名古屋市中区大須3-20-19☎052・241・3883

喫茶　まつば

小倉トーストの元祖「満つ葉」のれん分けで昭和8年創業。現存する名古屋最古の喫茶店。自家焙煎のコーヒーがあんこたっぷりの小倉トーストと絶妙にマッチする●名古屋市西区那古野1-35-14☎052・551・0669

松屋コーヒー

明治42年からのれんを守る老舗焙煎業者。名古屋界わいの多くの喫茶店にコーヒー豆を卸している。大須本店は喫茶店も併設する●名古屋市中区大須3-30-59☎052・251・1601

富士コーヒー

昭和23年創業の焙煎業者。喫茶店への豆の卸、経営コンサルティングの他、直営喫茶店「珈琲元年」も展開する●珈琲元年中川本店／名古屋市中川区広川町5-8☎052・361・1118

本間製パン

名古屋の喫茶店のおよそ半数が採用する業務用パンのトップブランド。直営ベーカリーで一般向け小売りも●パン工房アヴァンセ小牧本店／愛知県小牧市下小針中島1-1☎0568・77・1273

参考文献

『でらうまカンタン！　名古屋めしのレシピ』Ｓｗｉｎｄ／神凪唐州　（新紀元社）２０１８年
『名古屋観光案内』名古屋観光協会編（名古屋観光協会）１９３３年
『名古屋味覚地図』創元社編集部編（創元社）１９６４年
『名古屋街の辞典・青春篇』（アワー・シティ・コーポレーション）１９８２年
『名古屋の味』鈴木修編（保育社）１９７６年
『プレイナゴヤ'73』『プレイナゴヤ'76』（名古屋タイムズ社）１９７３年、１９７６年
『名古屋味レーダー』谿渓太郎編（むさし書房）１９７０年
『東京するめクラブ　地球のはぐれ方』村上春樹・都築響一・吉本由美（文藝春秋）２００４年
『怒涛のナゴヤご当地グルメ２００４』（ぴあ）２００４年
『なごやめし』なごやめし研究会（双葉社）２００５年
「食卓ものがたり」「地域の味追求うま味十分こいくちソース」（中日新聞／中日新聞社）２０２２年８月20日
『名古屋はヤバイ』矢野新一（ワニブックス）２０１７年
『これでいいのか愛知県』岡島慎二・土屋コージン編（マイクロマガジン社）２０１７年
『カクキュー八丁味噌の今昔～味一筋に十九代～』早川久右衛門（中部経済新聞社）２０２１年
『醤油・味噌・酢はすごい　三大発酵調味料と日本人』小泉武夫（中公新書）２０１６年

『名古屋・東海味めぐり』（JTB）1991年
「名古屋を襲う空前の大ピンチ!!」『週刊プレイボーイ』2016年9月19日号（集英社）
『飲食店の本当にスゴい人々』稲田俊輔（扶桑社）2022年
『日本発酵紀行』小倉ヒラク（D&DEPARTMENT PROJECT）2019年
『イタリア人マッシがぶっとんだ、日本の神グルメ』マッシミリアーノ・スガイ（KADOKAWA）2022年
『パンと昭和』小泉和子編（河出書房新社）2017年
『天ぷらにソースをかけますか？ ニッポンの食文化の境界線』野瀬泰申（新潮社）2009年
『特別展 名古屋めしのもと』名古屋市博物館編（「名古屋めしのもと展」実行委員会）2015年
「名古屋は嫌いだ！」「名古屋ぎらい 本誌に殺到した名古屋人からの猛反論」「『名古屋ぎらい』食い物編」「大反響『名古屋ぎらい』とうとう名古屋人が気にしだした」『週刊ポスト』2016年8月19・26日号、9月2日号、9月9日号、9月30日号（小学館）
「味なニッポン戦後史」澁川祐子『サイゾー』2022年6・7月合併号（サイゾー）
「あれも食いたい これも食いたい」東海林さだお『週刊朝日』1996年10月18日号（朝日新聞社）
『日本全国ご当地スーパー 掘り出しの逸品』菅原佳己（講談社）2012年

オンライン文献

「なごやめし公式サイト」なごやめし普及促進協議会
「全日本鬼まんじゅう普及協議会ホームページ」全日本鬼まんじゅう普及協議会

「守口漬あれこれ辞典」(守口漬老舗「尾張屋」HP) 尾張屋
「ご当地グルメでまちおこしの祭典！ B-1グランプリ」 愛Bリーグ
「名古屋市観光客・宿泊客動向調査」 名古屋市
「『名古屋』と聞いてイメージする名所ランキング」 All About
「みそ健康づくり委員会/味噌の公式サイト」 みそ健康づくり委員会
「愛知の豆みそ公式サイト」 愛知県味噌溜醤油工業協同組合
「食品成分データベース」 文部科学省
「経済センサス　活動調査」 経済産業省
「専門家が解明！ 名古屋はなぜこんなにも嫌われるのか?」 アサ芸プラス
「都市ブランド・イメージ調査」 名古屋市観光文化交流局
「日本うまみ調味料協会ホームページ」 日本うま味調味料協会
「一宮モーニング公式サイト」 一宮モーニング協議会

この本は著者の著作『なごやじまん』（ぴあ）『名古屋めし』（リベラル社）などの内容を再編集したものや、WebのYahoo!ニュース個人「大竹敏之のでら名古屋通信」、マイナビニュース、ITmediaビジネスオンラインなどに寄稿した記事を加筆修正し、大部分の書き下ろしを加えてまとめたものです。

大竹敏之

おおたけ・としゆき

名古屋のことだけを書く自称“名古屋ネタライター”。

1965年、愛知県常滑市出身。出版社勤務を経て26歳でフリーに。

2010年刊行の『名古屋の喫茶店』（リベラル社）がご当地ロングセラーとなり、以後コンスタントに名古屋の食や文化に関する書籍を出版。

著書に『名古屋の酒場』『サンデージャーナルのデータで解析！名古屋・愛知』（同／サンデージャーナル取材班との共著）『なごやじまん』（ぴあ）、『コンクリート魂　浅野祥雲大全』（青月社）などがある。

Yahoo！ニュースに「大竹敏之のでら名古屋通信」を配信中。

間違《まちが》いだらけの
名古屋《なごや》めし

2023年1月30日　初版第1刷発行

著者　大竹敏之《おおたけとしゆき》
発行者　小川真輔
編集者　鈴木康成
発行所　株式会社ベストセラーズ
〒112-0013 東京都文京区音羽1-15-15　シティ音羽2階
電話　03-6304-1832（編集）
03-6304-1603（営業）

装　丁　フロッグキングスタジオ
校　閲　高阪智子
印刷所　錦明印刷
DTP　オノエーワン

ISBN978-4-584-13987-5 C0095